Jurisprudence du Conseil d'État 2006-2008

DOCUMENTS d'études

LA DOCUMENTATION FRANÇAISE

Département des périodiques et des collections dirigé par

Bernard Boulley

Collection dirigée par

André Vibert-Vichet

Conception graphique

Michelle Chabaud

Poursuivant une série commencée en 1988 (*), ce Document d'Études présente une synthèse de la jurisprudence du Conseil d'État en 2006, 2007 et 2008 (**). Cette synthèse, rédigée par les maîtres des requêtes responsables du Centre de documentation du Conseil d'État, avec le concours de promotions d'auditeurs, complète et précise les analyses qui figurent dans la série des « Études et Documents du Conseil d'État » (un volume annuel, édité par la Documentation française).

Ont contribué à cette livraison :

Thomas Andrieu
Jean-Marc Anton
Philippe Barbat
Florian Blazy
Brice Bohuon
Damien Botteghi
Aurélie Bretonneau
Laurent Cabrera
Hervé Cassagnabère
Emmanuelle Cortot-Boucher
Vincent Daumas
Xavier Domino
Edouard Geffray
Stéphane Hoynck
Alexandre Lallet
Sophie-Justine Liéber
Jérôme Marchand-Arvier
Alban de Nervaux
Philippe Ranquet
Sébastien Veil
Sibyle Veil

(*) Un index analytique et un index alphabétique, relatifs à la période 1988-2002, figurent en fin du Document d'Études n° 6.21 (paru en 2005).

(**) Les références des décisions du Conseil d'État citées dans ce document comprennent leur numéro et, le cas échéant, les pages du recueil de jurisprudence Lebon où il en est fait état (T. p. ... indique une simple mention dans les tables figurant à la fin du recueil ; p. ... indique une publication intégrale de la décision au recueil).

Les décisions analysées

Arfi (22 juin 2007) *[p. 19]*
Association de défense des droits des militaires (ADEFDROMIL) (11 décembre 2008) *[p. 64]*
Association du personnel relevant des établissements pour inadaptés (APREI) (22 février 2007) *[p. 11]*
Carre-Pierrat (10 mars 2006) *[p. 36]*
Centre hospitalier de Vienne (21 décembre 2007) *[p. 68]*
Centre hospitalier général de Boulogne-sur-Mer (6 avril 2007) *[p. 43]*
Centre hospitalier régional de Nice (7 avril 2006) *[p. 56]*
Comité national des interprofessions des vins à appellations d'origine et autres (7 novembre 2008) *[p. 9, 23]*
Communauté d'agglomération de Montpellier (27 septembre 2006) *[p. 51]*
Commune d'Aix-en-Provence (6 avril 2007) *[p. 44]*
Commune d'Annecy (3 octobre 2008) *[p. 8]*
Commune d'Houlgate et Société d'exploitation du casino d'Houlgate (10 mars 2006) *[p. 42]*
Commune d'Issy-Les-Moulineaux (13 décembre 2006 *[p. 51]*
Commune de Courbevoie (7 février 2008) *[p. 70]*
Commune de Papara et Sandras (1er février 2006) *[p. 53]*
Compagnie Corse Air international (31 janvier 2007) *[p. 68]*
Conseil départemental de l'ordre des chirurgiens-dentistes de Paris c/ M. Banon (6 juin 2008) *[p. 61]*
Conseil national des barreaux et autres (10 avril 2008) *[p. 22]*
Conseil national de l'Ordre des médecins (11 décembre 2006) *[p. 5]*
Département de la Charente-maritime (14 décembre 2007) *[p. 12]*
Département du Morbihan et autres (27 octobre 2006) *[p. 23]*
Fédération de l'hospitalisation privée (18 juillet 2008) *[p. 8]*
Fédération européenne des réalisateurs de l'audiovisuel (1er février 2006) *[p. 64]*
France Nature environnement (7 juillet 2006) *[p. 41]*
Garde des sceaux, ministre de la justice c/ MAIF (1er février 2006) *[p. 65]*
GISTI (31 mai 2006) *[p. 28]*
GISTI (18 juillet 2006) *[p. 29]*
Groupement d'irrigation des prés de la Forge et autres (21 décembre 2007) *[p. 52]*
M. Bayrou et autres (27 septembre 2006) *[p. 72]*
M. C. (31 décembre 2008) *[p. 35]*
M. Clermont (6 avril 2007) *[p. 25]*
M. Gardedieu (8 février 2007) *[p. 66]*
M. Genelle (13 décembre 2006) [p. 54]
M. Ka (18 juillet 2006) *[p. 29]*
M. Lagier et consorts Guignon (4 juin 2007) *[p. 67]*
M. Lesourd (22 juin 2007) *[p. 6]*
M. P. (14 décembre 2007) *[p. 37]*
M. Parent et autres (27 octobre 2006) *[p. 4, 59]*
M. Portalis (14 mars 2008) *[p. 33]*
M. Pucci (30 novembre 2007) *[p. 60]*
M. Roche (3 octobre 2008) *[p. 62]*
M. S. (7 avril 2006) *[p. 40]*
M. Schmitt (5 mai 2006) *[p. 3]*
M. Tinez et autres (30 novembre 2007) *[p. 14]*
M. Touzard (1er février 2006) *[p. 31]*
Me Moyrand (14 mars 2008) *[p. 27]*
Ministre de l'agriculture et de la pêche c/ M. et Mme Blondeau (6 avril 2007) *[p. 10]*
Ministre de l'économie, des finances et de l'industrie c/ Mme Mori-Bodin (5 octobre 2007) *[p. 26]*
Ministre de l'emploi, de la cohésion sociale et du logement c/ M. Caballero (25 juillet 2007) *[p. 42]*
Ministre de la justice c/ M. B. (14 décembre 2007) *[p. 37]*
Mme Baomar (7 février 2008) *[p. 31, 61]*
Mme Baysse (18 juillet 2008) *[p. 34]*
Mme Bensaadoune (31 octobre 2008) *[p. 63]*
Mme Bisson (5 mai 2006) *[p. 56]*
Mme C. (9 novembre 2007) *[p. 30]*
Mme Dupuis (13 décembre 2006) *[p. 29]*
Mme Elissondo Labat (18 juillet 2006) *[p. 58]*
Mme Lacroix (13 décembre 2006) *[p. 6, 59]*
Mme N. (11 décembre 2006) *[p. 33]*
Mme P. (9 novembre 2007) *[p. 60]*
Mme Rodriguez (24 novembre 2006) *[p. 69]*
Ordre des avocats au barreau de Paris 31 mai 2006) *[p. 17]*
Ordre des avocats du barreau d'Évreux (5 octobre 2007) *[p. 59]*
Pereira Dos Santos Maia (31 décembre 2008) *[p. 71]*
Rolin et Boisvert (24 mars 2006) *[p. 39]*
Section française de l'Observatoire international des prisons (31 octobre 2008) *[p. 38]*
Société Arcelor Atlantique et Lorraine et autres (8 février 2007) *[p. 20]*
Société Brétim (21 décembre 2007) *[p. 7]*
Société CM CIC Securities (6 juin 2006) *[p. 16]*
Société CNP Assurances (17 novembre 2006) *[p. 13]*
Société Darty Alsace-Lorraine (18 juillet 2006) *[p. 57]*
Société Decaux et département des Alpes-Maritimes (10 avril 2008) *[p. 46]*
Société De Groot en Slot Allium BV et autre (11 décembre 2006) *[p. 20]*
Société Dubus SA (25 juillet 2007) *[p. 15]*
Société France Antilles (31 janvier 2007) *[p. 18]*
Société Janfin (27 septembre 2006) *[p. 24]*
Société KPMG et autres (24 mars 2006) *[p. 3]*
Société Krupp Hazemag (11 juillet 2008) *[p. 47]*
Société Leroy Merlin (10 mars 2006) *[p. 55]*
Société Techna SA et autres (27 octobre 2006) *[p. 58]*
Société Tradition Securities & Futures (6 juin 2006) *[p. 16]*
Société Tropic Travaux Signalisation (16 juillet 2007) *[p. 45]*
Syndicat CFDT du ministère des affaires étrangères (31 mai 2006) *[p. 32]*
Syndicat des avocats de France (25 juillet 2007) *[p. 36]*
Syndicat mixte intercommunal de réalisation et de gestion pour l'élimination des ordures ménagères du secteur Est de la Sarthe (3 octobre 2008) *[p. 49]*
Syndicat national de chirurgie plastique reconstructrice et esthétique (16 juillet 2007) *[p. 25]*
Syndicat national de défense de l'exercice libéral de la médecine à l'hôpital (16 juillet 2007) *[p. 25]*
Verdier (31 janvier 2007) *[p. 54]*
Ville de Paris (11 juillet 2008) *[p. 48]*

ACTES

2006

● Société KPMG et autres

Ass., 24 mars 2006 [n° 288460 et s.]

L'autorité investie du pouvoir réglementaire doit édicter, pour des motifs de sécurité juridique, les mesures transitoires qu'implique, le cas échéant, une réglementation nouvelle, notamment si ces règles nouvelles sont susceptibles de porter atteinte à des situations contractuelles en cours qui ont été légalement nouées.

A la suite des scandales financiers du début de la décennie, liés, entre autres, à l'absence de transparence de l'information financière dans les grandes entreprises, la loi n° 2003-706 de sécurité financière du 1er août 2003 a procédé à une importante réforme de la profession de commissaire aux comptes, en renforçant notamment le principe de la séparation des fonctions d'audit et de conseil. Un code de déontologie, prévu par l'article L. 822-16 du code de commerce et approuvé par un décret n° 2005-1412 du 16 novembre 2005, a précisé les modalités d'application de ces nouvelles dispositions. Ce décret a été contesté par les principaux cabinets d'audit et d'expertise comptable.

Par sa décision du 24 mars 2006, *Société KPMG et autres*, le Conseil d'État a, pour la première fois, érigé en principe la notion de sécurité juridique, s'inscrivant en harmonie avec la jurisprudence de la Cour de justice des Communautés européennes (CJCE, 14 juil. 1972, *Azienda Colori Nazionali c/ Commission*, aff. 57-69, Rec. p. 933) et de la Cour européenne des droits de l'homme (CEDH, 13 juin 1979, *Marckx c/ Belgique*, n° 6833/74, série A, n° 31). Une des traductions concrètes de ce principe, qui constitue la principale avancée de la décision, réside dans l'obligation faite au pouvoir réglementaire de prévoir, dans certaines circonstances, des mesures transitoires lors d'un changement de réglementation. C'est notamment le cas lorsque les règles nouvelles sont susceptibles de porter atteinte à des contrats en cours. En l'espèce, si la loi de sécurité financière du 1er août 2003 ne prévoyait pas expressément l'application des nouvelles règles aux contrats en cours, celles-ci, compte tenu de l'importance des objectifs de transparence et de sécurité financière et de prévention du risque de crise conjoncturelle du secteur concerné, avaient vocation à s'appliquer immédiatement. Mais dès lors que la méconnaissance des obligations nouvelles pouvait entraîner des sanctions, une transition était nécessaire afin de prendre en compte des délais incompressibles de mise en œuvre. En conséquence, l'Assemblée du contentieux a fait partiellement droit aux conclusions des requérants, en annulant le décret contesté en tant qu'il s'appliquait immédiatement aux contrats en vigueur sans prévoir de mesures transitoires relatives aux mandats de commissaires aux comptes en cours.

On relèvera toutefois que, si le principe de sécurité juridique se trouve ainsi consacré en droit français, le principe de « confiance légitime » ne reste, quant à lui, invocable en droit interne que lorsque la situation juridique en cause est régie par le droit communautaire.

L'Assemblée a par ailleurs confirmé, dans la lignée d'une précédente décision du 8 juillet 2005, *Fédération des syndicats généraux de l'éducation nationale et de la recherche publique SGEN-CFDT et autres* (nos 266900 et 266944, T. p. 708), que le moyen tiré de la violation de l'objectif de valeur constitutionnelle de clarté et d'intelligibilité de la norme, dégagé par le Conseil constitutionnel dans sa décision n° 99-421 DC du 16 décembre 1999 relative à la codification par ordonnances (Rec. p. 136), était opérant à l'encontre d'un décret.

● M. Schmitt

Sect., 5 mai 2006 [n° 282352]

L'habilitation donnée au gouvernement par le Parlement, en application de l'article 38 de la Constitution, à prendre par ordonnances, pendant un délai limité, des mesures qui relèvent normalement du domaine de la loi ne bénéficie pas qu'au seul gouvernement en fonction au moment où elle a été consentie.

La question posée par cette affaire avait déjà été soumise en 1961 à l'Assemblée du contentieux, mais elle était restée en suspens, la requête ayant été rejetée pour irrecevabilité (5 mai 1961, *Société Librairie Aristide Quillet et autre*, n° 51035, p. 297).

La requête de M. Schmitt aurait pu connaître le même sort. Elle tendait en effet à l'annulation de l'ordonnance n° 2005-647 du 6 juin 2005 modifiant le code des juridictions financières, prise sur le fondement de l'article 64 de la loi n° 2004-1343 du 9 décembre 2004. Or comme en 1961, le requérant ne présentait sans doute pas un intérêt pour agir suffisant, car il se prévalait de la seule qualité de contribuable. La Section du contentieux a toutefois préféré rejeter la requête au fond, ce qui lui a permis de répondre à une question laissée sans réponse depuis 45 ans.

M. Schmitt soutenait en effet que le gouvernement n'était pas habilité à prendre l'ordonnance attaquée, car l'habilitation avait été donnée par le Parlement au gouvernement précédent, dirigé par un autre Premier ministre.

La Section a, au contraire, jugé par sa décision du 5 mai 2006 que l'autorisation donnée par le Parlement produit effet jusqu'au terme prévu par cette loi, sans qu'y fasse obstacle la circonstance que le gouvernement en fonction à la date de l'entrée en vigueur de la loi d'habilitation diffère de celui en fonction à la date de signature d'une ordonnance. Elle rappelle toutefois que le Parlement peut toujours conférer expressément à la loi d'habilitation un caractère personnel et qu'il a la possibilité de l'abroger s'il ne souhaite pas qu'elle soit utilisée par un autre gouvernement.

Si la question méritait d'être examinée par une formation supérieure de jugement, c'est parce que l'article 38 de la

Constitution, qui dispose que « le gouvernement peut, pour l'exécution de son programme, demander au Parlement l'autorisation de prendre par ordonnances, pendant un délai limité, des mesures qui sont normalement du domaine de la loi », a fait l'objet d'interprétations opposées en doctrine. Deux autres solutions étaient théoriquement possibles : l'habilitation personnelle dans tous les cas et l'habilitation personnelle ou impersonnelle en fonction de l'objet de la loi.

Cette dernière solution était celle préconisée par le commissaire du gouvernement Michel Bernard dans l'affaire *Société Librairie Aristide Quillet et autre*. Raisonnant par analogie avec les délégations de compétence, il avait en effet proposé de tenir compte, pour chaque loi d'habilitation, des intentions des auteurs de la loi, au regard non seulement du texte de celle-ci, mais aussi de l'objet de la délégation, de ses limites, de sa durée, de la personne du chef du gouvernement ou encore du procédé juridique employé. Mais cette solution présentait l'inconvénient majeur d'ériger le juge administratif en arbitre des relations entre le Parlement et le gouvernement.

La Section n'a pas non plus été convaincue par les arguments qui pouvaient être avancés à l'appui de la thèse de l'habilitation personnelle. Pour une partie de la doctrine, la Constitution, en prévoyant que l'habilitation intervient à la demande du gouvernement, pour l'exécution de son programme et pour un délai déterminé, conférerait à cette loi un caractère circonstanciel conduisant à exiger l'identité entre le gouvernement qui sollicite l'autorisation et celui qui l'utilise. Mais cet argument s'est trouvé affaibli par l'interprétation que le Conseil constitutionnel a donnée de la notion de programme au sens de l'article 38 de la Constitution. En effet, dans sa décision n° 76-72 DC du 12 janvier 1977 (Rec. p. 31), il a jugé que cette mention ne se référait pas au « programme général du gouvernement » visé à l'article 49 de la Constitution, mais signifie seulement que le gouvernement doit indiquer avec précision la finalité des meures qu'il se propose de prendre. Quant à l'argument tiré de l'intention des constituants, s'il est vrai que, sensibles à la pratique de la IVe République, ils avaient nettement opté pour le caractère personnel de l'autorisation, deux éléments militaient dans le sens d'une interprétation « actualisée » : le changement de pratique constaté sous la Ve République, d'une part, avec un recours constant à des habilitations, d'ailleurs de plus en plus utilisées par des gouvernements successifs ; le souci de la continuité de l'État, d'autre part, en droite ligne avec d'autres courants de jurisprudence (par exemple, celui selon lequel un changement de gouvernement n'a aucune incidence sur la possibilité pour l'autorité réglementaire de faire usage d'une habilitation législative à prendre une mesure réglementaire d'exécution de la loi : 6 déc. 1907, *Compagnie du Nord, d'Orléans, du Midi, de l'Est et de l'Ouest*, n°s 4244 à 4249, p. 913).

● M. Parent et autres

Sect., 27 oct. 2006 [n°s 276069, 277198 et 277460]

La possibilité d'obtenir gratuitement l'assistance d'un avocat, prévue au *d* de l'article 6 § 3 de la convention européenne de sauvegarde des droits de l'homme et des libertés fondamentales, relève des modalités particulières propres à l'exercice de procédures juridictionnelles ; par suite, la méconnaissance de ces stipulations ne peut être utilement invoquée à l'appui d'un moyen tiré de l'irrégularité de la procédure suivie devant une autorité administrative.

La Section du contentieux du Conseil d'État a été amenée, pour la première fois, à se prononcer sur l'applicabilité de l'article 6 § 3 de la convention européenne de sauvegarde des droits de l'homme et des libertés fondamentales à une procédure suivie devant une autorité administrative.

Le Conseil d'État avait déjà eu l'occasion d'affirmer que l'article 6 § 1 de la convention, qui garantit le droit à un procès équitable, peut trouver à s'appliquer à la procédure suivie devant certaines autorités administratives, bien qu'elles ne soient pas des juridictions et même si un recours de pleine juridiction est ouvert contre les décisions qu'elles rendent (Ass., 3 déc. 1999, *Didier*, n° 207434, p. 399). L'applicabilité de l'article 6 § 1 à des procédures administratives est en effet subordonnée à la condition, d'une part, que les décisions sur lesquelles ces procédures débouchent relèvent, de par leur gravité, de la matière pénale au sens de cet article (Ass., 3 déc. 1999, *Caisse de crédit mutuel de Bain-Tresboeuf*, n°s 197060 et 197061, p. 397) ; d'autre part, que les autorités à l'origine de ces décisions remplissent certaines conditions relatives à leur composition et au degré de formalisation des procédures qu'elles diligentent. Surtout, la jurisprudence administrative admet que des procédures administratives qui ne seraient pas en tous points conformes aux exigences de l'article 6 § 1 puissent néanmoins ne pas méconnaître le droit à un procès équitable. Pour cela, elle distingue entre les obligations qui s'imposent à l'autorité administrative dès l'origine et celles qui ne peuvent s'appliquer qu'à une procédure suivie devant une juridiction. Parmi les premières figurent le respect des droits de la défense (31 mars 2004, *Société Etna Finance et M. Parent*, n° 243579, T. p. 693 et 694) et celui du principe d'impartialité (*Didier,* préc.).

En l'espèce, le Conseil d'État était saisi de trois recours contre des décisions rendues par la commission des sanctions de l'Autorité des marchés financiers (AMF) sur le fondement de l'article L. 621-15 du code monétaire et financier. Il avait déjà été jugé que de telles décisions relevaient du champ d'application de l'article 6 § 1 de la convention européenne de sauvegarde des droits de l'homme et des libertés fondamentales, eu égard, d'une part, à la gravité des sanctions administratives susceptibles d'être prononcées, qui devaient les faire regarder comme relevant de la matière pénale au sens de cet article, d'autre part, à la nature, à la composition et aux attributions de cette autorité (24 fév. 2005, *Société GSD Gestion et M. Gautier*, n° 269001, p. 28).

Mais dans les affaires portées devant la Section du contentieux, les requérants invoquaient les stipulations de l'article 6 § 3 de la convention, dont l'objet est de préciser le contenu des droits de la défense que l'article 6 § 1 se borne à mentionner. S'agissant du champ de l'article 6 § 3, la Cour européenne des droits de l'homme juge constamment que l'application du premier paragraphe de l'article 6 dans sa branche pénale implique celle de ses deuxième et troisième paragraphes, qui sont propres à la matière pénale (not. 13 mai 1980 *Artico c/ Italie*, n° 6694/74, § 32). Le Conseil d'État ne s'est pas écarté de cette ligne jurisprudentielle : il a transposé très exactement, s'agissant de l'applicabilité du troisième paragraphe de l'article 6 de la convention, les critères dégagés à propos du premier.

Une fois l'applicabilité de ces stipulations admise, il fallait cependant déterminer si la méconnaissance des garanties qu'elles posaient était de nature à entraîner une violation du droit au procès équitable. Le Conseil d'État a jugé que les procédures de sanctions administratives entrant dans le champ d'application de l'article 6 § 3 devaient respecter le droit de l'intéressé d'être préalablement informé des griefs retenus contre lui (art. 6 § 3 a.), celui de disposer du temps nécessaire pour préparer sa défense (b.), ainsi que celui de se défendre ou d'être assisté d'un défenseur de son choix (c.), mais également l'égalité des droits en matière d'audition de témoins (d.) et la possibilité d'être assisté gratuitement par un interprète lors, le cas échéant, de l'audience (e.). Ces deux derniers points constituent une avancée, par rapport aux garanties généralement fournies par le droit interne. En revanche, en ce qui concerne la possibilité d'obtenir gratuitement l'assistance d'un avocat (également prévue au c. de l'article 6 § 3), la Section du contentieux a jugé qu'elle relevait des modalités particulières propres à l'exercice de procédures juridictionnelles et ne pouvait trouver à s'appliquer à une procédure administrative.

Après avoir écarté les différents moyens tirés d'une méconnaissance des droits de la défense, en précisant au passage que, si l'un d'entre eux avait été à la fois opérant et fondé, il aurait entraîné la nullité, non seulement de la décision attaquée, mais de l'ensemble de la procédure suivie, le Conseil d'État a cependant accueilli un dernier moyen soulevé par les requérants. En effet, l'un des membres de la commission des sanctions de l'AMF avait été, avec une des personnes à l'encontre de laquelle la commission avait prononcé des sanctions, l'un des sept associés fondateurs d'une société anonyme dont la personne en cause avait par ailleurs été employé. En raison du lien existant entre eux, le Conseil d'État a jugé que la commission avait statué irrégulièrement, en violation du principe d'impartialité ; il a, en conséquence, annulé la décision attaquée en tant qu'elle faisait grief à chacun des requérants.

● Conseil national de l'Ordre des médecins [2 esp.]

Ass., 11 déc. 2006 [n°s 279517 et 283983]

Le Premier ministre n'est pas compétent pour abroger les dispositions illégales d'une ordonnance après l'expiration du délai de la loi habilitant le Gouvernement à prendre par ordonnance des mesures relevant normalement du domaine de la loi.

En principe, l'autorité compétente pour modifier ou abroger un acte est celle qui, à la date de la modification ou de l'abrogation, aurait compétence pour prendre cet acte. Une décision du 22 octobre 2003, *GISTI* (n° 248237, p. 414), juge ainsi que le Premier ministre est tenu de ne pas donner suite à une demande d'abrogation lorsque la disposition dont la conformité aux normes supérieures est en cause a un caractère matériellement législatif.

Il résulte toutefois d'une décision d'Assemblée du 20 décembre 1995, *Mme Vedel et M. Jannot* (nos 132183 et 142913, p. 440), que le Premier ministre est compétent pour abroger les dispositions devenues illégales d'un décret pris par le Président de la République en 1939 sur le fondement d'un sénatus-consulte du 3 mai 1854 l'habilitant à agir comme « législateur colonial », alors même que les dispositions en cause sont de la nature de celles dont l'édiction ressortit désormais à la seule compétence du législateur.

Cette jurisprudence n'est pas restée sans suite puisqu'elle a été étendue par la décision du 7 février 2003, *GISTI* (n° 243634, p. 30), au cas d'une disposition de la loi du 29 juillet 1881 relative aux publications étrangères, modifiée, issue d'un décret-loi du 6 mai 1939 non ratifié. Le refus du Premier ministre d'abroger cette disposition contraire à l'article 10 de la convention européenne de sauvegarde des droits de l'homme et des libertés fondamentales a été annulé par le Conseil d'État, avec injonction de procéder à cette abrogation, alors même que les dispositions en cause relevaient du domaine de la loi.

La question qui était posée à l'Assemblée du contentieux était donc celle de l'extension de la jurisprudence *Vedel et Jannot* aux ordonnances de l'article 38 entachées d'illégalité. Est-il possible de demander au Premier ministre l'abrogation des dispositions illégales de ces ordonnances, après l'expiration du délai d'habilitation ?

Plusieurs arguments pouvaient plaider pour une telle position. D'abord, un argument formel : les ordonnances demeurent des actes réglementaires tant qu'elles n'ont pas été ratifiées. C'est d'ailleurs la raison pour laquelle leur légalité est susceptible d'être contestée devant le juge administratif (v. Sect., 3 nov. 1961, *Damiani*, n° 53155, p. 607 ; CC, 23 janv. 1987, n° 86-224 DC, Rec. p. 8). Dès lors, l'Assemblée était conduite à s'interroger sur la possibilité de transposer ce qui avait été jugé s'agissant d'un décret du Président de la République, acte réglementaire portant lui aussi sur un domaine devenu législatif. L'aspect formel des ordonnances non ratifiées ne commande-t-il pas de laisser au détenteur de l'autorité réglementaire la faculté de procéder à leur abrogation ?

Ensuite, la volonté d'étendre dans la plus grande mesure le champ de la jurisprudence *Alitalia* (Ass., 3 fév. 1989, n° 74052, p. 44), c'est-à-dire la possibilité de demander au détenteur du pouvoir réglementaire l'abrogation de dispositions réglementaires illégales depuis l'origine ou devenues telles. Ce raisonnement avait inspiré l'Assemblée du contentieux lorsqu'elle avait adopté la décision *Vedel et Jannot*. Celle-ci consistait à tirer toutes les conséquences de la nature réglementaire d'un décret pris par le Président de la République en qualité de « législateur colonial », afin de ne pas laisser subsister fâcheusement une règle de droit sans juge.

Enfin, cette décision *Vedel et Jannot* était fondée sur la distinction entre pouvoir de modification et pouvoir d'abrogation. Ne pouvait-on utiliser cette même distinction pour considérer que la prohibition de toute modification par le pouvoir réglementaire d'une ordonnance, passé le délai prévu par la loi d'habilitation, ne pouvait être opposée à une hypothèse d'abrogation totale du texte, pour illégalité ?

L'Assemblée du contentieux a jugé que cette solution ne pouvait être retenue, car elle méconnaîtrait de manière radicale le texte même de la Constitution. Son article 38 prévoit en effet explicitement que, à l'expiration du délai prévu par la loi d'habilitation, « les ordonnances ne peuvent plus être modifiées que par la loi dans les matières qui sont du domaine législatif ».

Le Conseil d'État a estimé que rien dans les travaux préparatoires du texte et son économie générale ne permettait de penser que le constituant ait entendu distinguer entre modification et abrogation. Toute intervention sur les ordonnances est réputée les modifier, au sens de ces dispositions, et le détenteur du pouvoir réglementaire n'est donc pas compétent pour les abroger, même dans l'hypothèse où elles seraient illégales, passé le délai d'habilitation prévu par la loi.

Ainsi, le parallèle esquissé entre décret du Président de la République et ordonnance n'est pas valide, la Constitution de 1958 s'y opposant manifestement. Le raisonnement par analogie entre ces deux types de normes ne pouvait d'ailleurs qu'avoir qu'une portée limitée, s'agissant de textes pris à une époque où la séparation entre domaine de la loi et domaine du règlement n'existait pas.

● Mme Lacroix

Sect., 13 déc. 2006 [n° 287845]

Le Conseil d'État précise les limites du principe d'application immédiate des actes administratifs et la portée de l'obligation pour l'autorité investie du pouvoir réglementaire d'édicter, pour des motifs de sécurité juridique, les mesures transitoires qu'implique, s'il y a lieu, la réglementation nouvelle.

Dans la lignée de sa décision *Société KPMG et autres* du 24 mars 2006, qui a consacré en droit français le principe de sécurité juridique, le Conseil d'État s'est prononcé sur la portée de l'obligation pour le pouvoir réglementaire d'édicter les mesures transitoires qu'implique une réglementation nouvelle.

Était en cause, dans l'affaire qui a donné lieu à la décision du 13 décembre 2006, *Mme Lacroix*, une décision de radiation de la liste professionnelle des commissaires aux comptes. La requérante contestait notamment la légalité de cette décision au regard d'un décret qui, intervenu au cours de l'examen de sa situation par le Haut Conseil du commissariat aux comptes, avait modifié les règles de fond et de procédure applicables sans prévoir de mesures transitoires.

La Section du contentieux a jugé que les règles de fond issues du décret en question, compte tenu de leur date d'adoption, qui laissait aux personnes intéressées un temps suffisant pour s'acquitter de leurs obligations, n'appelaient pas de mesures transitoires. Elle en a jugé de même en ce qui concerne la nouvelle règle de procédure édictée par le décret, qui prévoyait la possibilité d'auditionner l'intéressé avant toute décision.

Toutefois, cette règle ayant vocation à s'appliquer immédiatement par la reprise des procédures en cours, il appartenait au Haut Conseil du commissariat aux comptes de s'y conformer. Constatant que tel n'avait pas été le cas, le Conseil d'État a annulé la décision attaquée.

2007

● M. Lesourd

Sect., 22 juin 2007 [n° 288206]

Si les dispositions de l'article 1er du décret du 3 mai 2002 qui prévoient, pour un jury de concours, une proportion d'un tiers au moins de membres de chaque sexe, imposent à l'administration un objectif de représentation équilibrée entre les femmes et les hommes, le non-respect de cette proportion ne rend pas le concours irrégulier. Par ailleurs, l'autorité de chose jugée attachée aux motifs qui sont le soutien nécessaire du dispositif d'une décision du Conseil constitutionnel statuant sur la conformité d'une loi à la Constitution, en particulier aux réserves d'interprétation dont il est amené, le cas échéant, à assortir une déclaration de conformité, ne s'étend pas à l'interprétation d'une autre loi, même conçue en termes analogues.

A l'appui d'une requête tendant à l'annulation d'un concours pour le recrutement de maîtres-assistants des écoles d'architecture, M. Lesourd soutenait notamment que la composition du jury était irrégulière, dès lors qu'elle ne respectait pas la règle édictée par l'article 1er du décret n° 2002-766 du 3 mai 2002 relatif aux modalités de désignation par l'administration, dans la fonction publique de l'État, des membres des jurys et des comités de sélection, selon laquelle la proportion des membres appartenant à chaque sexe doit atteindre au moins le tiers. Ce décret faisait application de l'article 25 de la loi n° 2001-397 du 9 mai 2001 relative à l'égalité professionnelle entre les femmes et les hommes, qui avait modifié l'article 20 *bis* de la loi n° 84-16 du 11 janvier 1984 portant dispositions statutaires relatives à la fonction publique de l'État en y ajoutant les dispositions suivantes : « Les jurys dont les membres sont désignés par l'administration sont composés de façon à concourir à une représentation équilibrée entre les femmes et les hommes. Un décret en Conseil d'État fixe les conditions d'application du présent article, et notamment la proportion des membres des jurys appartenant à chacun des sexes ».

Prises à la lettre, ces dispositions auraient pu conduire à estimer que les jurys de concours devaient respecter des quotas d'hommes et de femmes pour être régulièrement composés. De fait, en fixant à un tiers le pourcentage minimum de membres d'un jury appartenant à chacun des sexes, le pouvoir réglementaire ne faisait que se conformer à l'obligation que la loi lui imposait de fixer la proportion d'hommes et de femmes désignés pour siéger dans ces instances. Mais la décision *Lesourd* fait prévaloir une lecture plus audacieuse de ces textes en les interprétant au regard de la Constitution et de son préambule. Se fondant sur l'article 6 de la Déclaration des droits de l'homme et du citoyen, selon lequel « tous les citoyens sont également admissibles aux emplois publics sans autre distinction que celles de leurs vertus et de leurs talents », la Section du contentieux du Conseil d'État en a déduit que l'article 25 de la loi du 9 mai 2001 devait être interprété comme ne fixant qu'un objectif de représentation équilibrée entre les femmes et les hommes, qui ne saurait faire prévaloir, lors de la composition des jurys, la considération du sexe sur celles des compétences, des aptitudes et des qualifications. En l'espèce, l'objectif de représentation équilibrée avait été pris en considération dans la composition du jury, alors même qu'il était composé de moins d'un tiers de femmes.

La décision *Lesourd* a aussi permis de préciser les limites de l'autorité de chose jugée qui s'attache aux décisions du Conseil constitutionnel. En effet, si la loi du 9 mai 2001 n'avait pas été déférée au juge constitutionnel, celui-ci avait émis, par une décision du 12 janvier 2002, des réserves d'interprétation concernant deux articles de la loi n° 2002-73 de modernisation sociale du 17 janvier 2002, en relevant que ces articles étaient rédigés dans les mêmes termes que l'article 25 de la loi du 9 mai 2001. La question de la portée, pour le juge administratif, de cette observation émise à l'occasion d'une décision portant sur une autre loi était donc posée. L'autorité de chose jugée qui s'attache aux réserves d'interprétation formulées par le Conseil constitutionnel a été affirmée par l'arrêt d'Assemblée *SA Etablissements Outters* du 20 décembre 1985 (n° 31927, p. 382). Le Conseil d'État s'est expressément référé, dans plusieurs décisions ultérieures, à de telles réserves d'interprétation formulées par le Conseil constitutionnel sur des dispositions législatives qui lui avaient été déférées (Ass., 11 mars 1994, *Société La Cinq*, n° 115052, p. 117 ; 8 déc. 2000, *Conseil supérieur de l'administration de biens*, n°s 217046 et 217826, p. 578). Mais, par la décision *Lesourd*, la Section du contentieux a jugé que l'autorité de la chose jugée par le Conseil constitutionnel ne s'étendait pas à l'interprétation d'une loi énoncée à l'occasion d'une décision portant sur une autre loi, comme en témoigne l'absence de référence à la décision du 12 janvier 2002 du Conseil constitutionnel dans les visas et dans les motifs de cet arrêt. Si le juge administratif est lié par les réserves d'interprétation formulées par le Conseil constitutionnel sur les dispositions législatives qui lui sont déférées, il ne l'est pas par l'interprétation qu'il donne d'une loi autre que celle qui fait l'objet de sa décision.

● Société Brétim

Sect., 21 déc. 2007 [n° 285515]

Le retrait d'une décision expresse créatrice de droits, qu'il est loisible à l'administration de prononcer, si elle est illégale, dans un délai de quatre mois suivant cette décision, respecte ce délai dès lors que le retrait est intervenu avant son expiration, et alors même qu'il aurait été notifié aux personnes au profit desquelles la décision retirée créait des droits après expiration du délai.

Saisi par la société Brétim d'une demande de licenciement d'un salarié mandaté pour négocier un accord d'aménagement et de réduction du temps de travail, l'inspecteur du travail s'était déclaré incompétent au motif que l'absence de certaines mentions dans le mandat désignant ce salarié ne permettait pas de le regarder comme bénéficiant de la protection prévue par le code du travail. Sur recours hiérarchique de ce salarié, le ministre de l'emploi et de la solidarité avait retiré cette décision.

En application de la jurisprudence d'Assemblée *Ternon* du 26 octobre 2001 (n° 197018, p. 497), l'administration ne peut retirer une décision individuelle explicite créatrice de droits, si elle est illégale, que dans le délai de quatre mois suivant l'intervention de cette décision. Or, si la décision de retrait du ministre avait bien été signée avant l'expiration du délai de quatre mois courant à compter de la signature de la décision de l'inspecteur du travail, elle avait été notifiée à la société Brétim, au profit de laquelle la décision retirée créait des droits, après l'expiration de ce délai.

La Section du contentieux devait donc déterminer si la date à laquelle il convient de se placer pour apprécier l'expiration du délai de quatre mois fixé par la jurisprudence *Ternon* est celle de la signature de la décision de retrait ou celle de sa notification aux personnes au profit desquelles cette décision crée des droits.

Plusieurs arguments plaidaient en faveur de la thèse de la notification. D'une part, si la légalité d'un acte administratif s'apprécie en principe à la date de sa signature et non de son entrée en vigueur par l'effet de mesures de publicité telles que la notification, la transmission ou l'affichage (9 nov. 1951, *Lassus et Cottin*, n°s 5767 et 5768, p. 518), cette règle souffre un certain nombre d'exceptions. Ainsi, en matière de droit de préemption, une décision de préemption n'est légale que si elle est notifiée au propriétaire intéressé et transmise au représentant de l'État dans les deux mois suivant la réception de la déclaration d'intention d'aliéner (15 mai 2002, *Ville de Paris*, n° 230015, p. 173). D'autre part, dans le cas d'un régime de décision implicite d'acceptation, l'administration ne peut faire échec à la naissance d'une décision favorable que si son opposition est notifiée au bénéficiaire avant l'expiration du délai qui lui est imparti pour statuer (Sect., 14 nov. 1969, *Sieur Eve*, n° 74930, p. 498). En matière de permis de construire tacite, le retrait n'est légal que s'il est notifié au bénéficiaire avant l'expiration du délai de recours contentieux (26 janv. 2005, *Filippi*, n° 260188, T. p. 725). Enfin, retenir la date de la notification permet d'éviter la pratique des décisions antidatées, puisque l'administration n'est plus en mesure d'avancer la date d'une décision de retrait prise après l'expiration du délai de quatre mois pour la rendre légale.

Mais la thèse de la signature pouvait également s'appuyer sur de sérieuses justifications. Tout d'abord, le principe de légalité de l'action administrative plaide en faveur de la date de la signature, qui permet à l'administration de disposer de la totalité du délai de quatre mois pour retirer une décision illégale, sans que ce délai se trouve réduit par la nécessité qui s'imposerait à elle, non seulement de prendre, mais aussi de notifier la décision de retrait avant son expiration. Ensuite, le parallélisme des formes vient également à l'appui de la thèse de la signature, puisque le point de départ du délai de quatre mois fixé par la jurisprudence *Ternon* est bien la signature de la décision. Dans le régime déjà complexe du retrait des actes administratifs, retenir deux critères différents – la signature et la notification – pour fixer respectivement le point de départ et le point d'arrivée du délai de quatre mois ne va pas dans le sens de la simplification du droit. Enfin, la notification était source de difficultés pratiques dans le cas de retrait de décisions individuelles portant simultanément sur plusieurs personnes : si l'administration est maîtresse de la date à laquelle une décision est signée, elle ne l'est pas de sa notification. Aussi, une décision identique aurait pu être légalement retirée s'agissant des bénéficiaires auxquels elle aurait été notifiée avant l'expiration du délai de quatre mois, mais le retrait serait devenu illégal, pour d'autres, si les délais postaux d'acheminement avaient été plus longs. La Section du contentieux a donc retenu la date de la signature comme terme du délai de retrait.

2008

● Fédération de l'hospitalisation privée

Sect., 18 juil. 2008 [n° 300304]

Lorsque la définition des obligations auxquelles est soumis l'exercice d'une activité relève du législateur, il n'appartient qu'à la loi de fixer le régime des sanctions administratives dont la méconnaissance de ces obligations peut être assortie et, en particulier, de déterminer tant les sanctions encourues que les éléments constitutifs des infractions que ces sanctions ont pour objet de réprimer. Dans le cas où une disposition réglementaire reprend les termes mêmes d'une disposition législative déterminant les éléments constitutifs des infractions susceptibles d'être commises dans l'exercice d'une activité de ce type, ne peut être utilement invoqué, à l'encontre de cette disposition réglementaire, le moyen tiré de la méconnaissance par celle-ci du principe de légalité des délits et des peines issu de l'article 8 de la Déclaration des droits de l'homme et du citoyen.

Par sa décision *Fédération de l'hospitalisation privée*, la Section du contentieux a, d'une part, précisé la répartition des compétences respectives du législateur et du pouvoir réglementaire en matière de sanctions administratives, d'autre part, tranché la question de l'opérance d'un moyen tiré de l'inconstitutionnalité de dispositions réglementaires qui se bornent à reprendre mot pour mot les termes de la loi.

La fédération requérante demandait l'annulation du décret n° 2006-1332 du 2 novembre 2006 relatif aux contrats pluriannuels d'objectifs et de moyens. Conclus entre les agences régionales de l'hospitalisation (ARH) et les établissements de santé, ces contrats assignent notamment des objectifs quantifiés d'activité à ces établissements. L'article L. 6114-1 du code de la santé publique prévoit que ces contrats peuvent être résiliés ou suspendus par l'ARH notamment en cas de « manquement grave [de l'établissement] aux dispositions législatives et réglementaires ». Ces dispositions étaient reprises mot pour mot par l'article R. 6114-11 du code de la santé publique, créé par le décret attaqué. La fédération requérante soutenait que les dispositions de cet article méconnaissaient, en raison de leur imprécision, le principe constitutionnel de légalité des délits et des peines.

Pour répondre à ce moyen, la Section du contentieux devait, dans un premier temps, déterminer si le pouvoir réglementaire aurait pu compétemment déterminer le régime de sanctions applicables aux établissements de santé qui ne respecteraient pas les obligations fixées par le contrat pluriannuel d'objectifs et de moyens et donc préciser les dispositions de l'article L. 6114-1 du code de la santé publique. En vertu de la décision d'Assemblée *Ministre de l'intérieur c/ M. Benkerrou* du 7 juillet 2004 (n° 255136, p. 297), le régime de sanctions destinées à assurer le respect de la réglementation d'une activité peut être défini par décret dès lors que le pouvoir réglementaire est compétent pour réglementer cette activité.

Mais tel n'était pas le cas en l'espèce, puisque plusieurs des dispositions des contrats d'objectifs et de moyens relevaient du domaine de la loi. Dans ces conditions, la Section du contentieux a estimé que seule la loi pouvait fixer le régime de sanctions afférentes à une activité dont la définition des obligations relève elle-même de la loi, et que le pouvoir réglementaire ne pouvait pas intervenir dans ce domaine.

Or, les dispositions critiquées de l'article R. 6114-11 du code de la santé publique reprennent mot pour mot les dispositions de l'article L. 6114-1 du code de la santé publique. Admettre l'opérance d'un moyen tiré de l'inconstitutionnalité de ces dispositions aurait donc conduit le juge administratif à contrôler en réalité la constitutionnalité de dispositions législatives, ce qu'il se refusait,à faire en l'absence de texte l'y habilitant expressément (Sect., 6 nov. 1936, *Sieur Arrighi*, p. 966). Aussi la Section du contentieux a-t-elle jugé que, dans ces conditions, le moyen était inopérant.

● Commune d'Annecy

Ass., 3 oct. 2008 [n° 297931]

Depuis l'entrée en vigueur de la Charte de l'environnement, adoptée par la loi constitutionnelle du 1er mars 2005, ne relèvent du pouvoir réglementaire que les mesures d'application des dispositions adoptées par le législateur fixant les conditions et les limites dans lesquelles le public accède aux informations et participe à la prise de décision dans le domaine de l'environnement. Les dispositions prises par le pouvoir réglementaire dans son champ de compétences, tel qu'il était déterminé antérieurement, demeurent applicables postérieurement à l'entrée en vigueur de ces nouvelles normes, alors même que de telles dispositions seraient intervenues dans un domaine désormais réservé à la loi.

L'Assemblée du contentieux a précisé la valeur juridique et la portée de la Charte de l'environnement issue de la loi constitutionnelle n° 2005-205 du 1er mars 2005.

La loi n° 2005-157 du 23 février 2005 a inséré dans le code de l'urbanisme un article L. 145-1 réglant la question de l'articulation de la loi « littoral » avec la loi « montagne » autour des lacs de montagne d'une superficie supérieure à 1 000 hectares. Elle a prévu l'intervention de décisions, prises par décrets, par lesquelles devront être délimités, autour de ces lacs, les secteurs dans lesquels seules les dispositions relatives au littoral s'appliquent. Le décret n° 2006-1683 du 22 décembre 2006 a précisé, aux articles R. 145-11 à R. 145-14 du code de l'urbanisme, les modalités procédurales d'édiction de ces décisions : initiative du préfet ou des communes, modalités de consultation des conseils municipaux, etc. A cette occasion, le pouvoir réglementaire a prévu que les décisions de délimitation sont prises à l'issue d'une enquête publique. La commune d'Annecy a contesté devant le Conseil d'État la conformité de ce décret à l'article 7 de la Charte de l'environnement, selon lequel « toute personne a le droit, dans les conditions et les limites définies par la loi, d'accéder aux informations relatives à l'environnement détenues par les autorités publiques et de participer à l'élaboration des décisions publiques ayant une incidence sur l'environnement. »

L'Assemblée du contentieux a d'abord rappelé, d'une part, que les dispositions de l'article 7 de la Charte de l'environnement, comme l'ensemble des droits et devoirs définis dans cette Charte et à l'instar de toutes celles qui procèdent du Préambule de la Constitution, ont valeur constitutionnelle et, d'autre part, qu'elles s'imposent donc aux pouvoirs publics et aux autorités administratives dans leurs domaines de compétence respectifs (v., par ex., s'agissant de la Déclaration des droits de l'homme de 1789 : Sect., 12 fév. 1960, *Société Eky*, n°s 46922-46923, p. 101). L'Assemblée s'est sur ce point inscrite dans la lignée de la décision *Ligue pour la protection des oiseaux* (6 avr. 2006, n° 283103 et s.) qui avait déjà fait application de l'article 5 de la Charte de l'environnement consacrant le principe de précaution.

L'Assemblée du contentieux a ensuite relevé, dans un premier temps, que les dispositions de l'article 7 de la Charte de l'environnement ont réservé au législateur le soin de préciser « les conditions et les limites » dans lesquelles doit s'exercer le droit de toute personne à accéder aux informations relatives à l'environnement détenues par les autorités publiques et à participer à l'élaboration des décisions publiques ayant une incidence sur l'environnement. Elle en a déduit que ne relèvent du pouvoir réglementaire, depuis l'entrée en vigueur de ces dispositions, que les mesures d'application de ces conditions et limites fixées par le législateur. L'Assemblée a toutefois précisé, dans un second temps, que les dispositions compétemment prises dans le domaine réglementaire, tel qu'il était déterminé antérieurement, demeurent applicables postérieurement à l'entrée en vigueur de ces nouvelles normes, alors même qu'elles seraient intervenues dans un domaine désormais réservé à la loi. Approfondissant son raisonnement, l'Assemblée du contentieux a ajouté qu'une disposition réglementaire ne peut intervenir dans le champ d'application de l'article 7 de la Charte de l'environnement, depuis la date d'entrée en vigueur de la loi constitutionnelle du 1er mars 2005, que pour l'application de dispositions législatives qui peuvent par exemple être celles du code de l'environnement et du code de l'urbanisme, que celles-ci soient postérieures à la date d'entrée en vigueur de la loi constitutionnelle ou antérieures, sous réserve, dans ce dernier cas, qu'elles ne soient pas incompatibles avec les exigences de la Charte.

Tirant les conséquence de ces principes, l'Assemblée a alors été conduite à prononcer la première décision d'annulation d'un décret pour violation de la Charte de l'environnement. Elle a en effet relevé, d'une part, que ni l'article L. 110-1 du code de l'environnement, qui se borne à énoncer des principes dont la portée a vocation à être définie dans le cadre d'autres lois, ni l'article L. 145-1 du code de l'urbanisme, qui n'a pas pour objet de déterminer les conditions et limites d'application des principes d'accès aux informations et de participation du public, ne peuvent être regardés comme déterminant les conditions et limites requises par l'article 7 de la Charte de l'environnement. L'Assemblée en a donc conclu qu'en l'absence de la fixation par le législateur des conditions et limites prévues par les dispositions de cet article 7, le décret attaqué du 1er août 2006, qui est intervenu postérieurement à l'entrée en vigueur de ces dispositions et concoure à l'établissement d'une procédure de consultation et de participation entrant dans leur champ d'application, a été pris par une autorité incompétente.

● Comité national des interprofessions des vins à appellations d'origine et autres

Ass., 7 nov. 2008 [n° 282920]

Le juge administratif est compétent pour connaître d'une requête en excès de pouvoir dirigée contre le refus du Premier ministre ou d'un ministre de notifier un texte à la Commission européenne au titre du contrôle des aides d'État.

Douze organisations interprofessionnelles de viticulteurs avaient demandé au Premier ministre et au ministre de l'agriculture de notifier à la Commission européenne le mécanisme prévu par les dispositions de l'article L. 632-6 du code rural habilitant les organisations interprofessionnelles reconnues à prélever, sur tous les membres de leur interprofession, des cotisations obligatoires. Elles soutenaient en effet que ce dispositif constituait une aide d'État au sens de l'article 87 du traité instituant la Communauté européenne et qu'il devait ainsi faire l'objet d'une notification à la Commission, chargée d'évaluer sa conformité avec les règles communautaires relatives aux aides d'État. Ces organisations s'étant heurtées à un refus, elles en avaient saisi le Conseil d'État.

Statuant sur leur requête, l'Assemblée du contentieux, en premier lieu, a, pour reconnaître la compétence de la juridiction administrative, exclu de qualifier une telle décision de refus d'acte de gouvernement, catégorie de décisions échappant au contrôle du juge en raison de leur nature même. Elle a ainsi refusé d'y voir, d'une part, un acte non détachable des relations internationales de la France et, d'autre part, un acte se rattachant aux relations entre le pouvoir exécutif et le Parlement, étant entendu qu'en l'espèce, le texte en cause était de nature législative. A l'inverse, elle a précisé qu'il n'appartiendrait pas au juge administratif de connaître d'une contestation dirigée contre la décision de notifier un acte au titre du contrôle des aides d'État, dont elle a jugé qu'elle ne serait pas détachable de la procédure d'examen par la Commission du régime d'aide notifié.

En deuxième lieu, l'Assemblée a déduit des stipulations du traité instituant la Communauté européenne relatives aux aides d'État (art. 87 et 88) qu'il appartenait au Gouvernement de notifier à la Commission, non seulement les projets tendant à instituer ou à modifier des aides, mais également des textes relatifs à des aides qui n'auraient pas fait l'objet d'une notification avant leur adoption, reconnaissant ainsi l'existence d'un pouvoir que le Gouvernement détient seul, aux fins d'assurer l'application du droit communautaire et le respect des exigences inhérentes à la hiérarchie des normes.

En dernier lieu, la décision *Comité national des interprofessions des vins à appellations d'origine et autres* précise que, pour apprécier la légalité du refus de procéder à une telle notification, il appartient au juge administratif de déterminer si le texte en cause est relatif à une aide d'État dont la Commission doit être informée, faisant ainsi référence à la démarche habituellement suivie lorsque la légalité d'une disposition est contestée au motif qu'elle serait constitutive d'une aide d'État non notifiée à la Commission.

Faisant application de ces principes, l'Assemblée a rejeté en l'espèce la demande des organisations interprofessionnelles, au motif que les dispositions de l'article L. 632-6 ont pour seul effet d'autoriser les organisations interprofessionnelles à prélever des cotisations obligatoires et que seuls les arrêtés étendant des accords interprofessionnels faisant usage de cette faculté pourraient devoir faire l'objet d'une notification, dans l'hypothèse où ils institueraient des aides d'État au sens des articles 87 et 88 du traité instituant la Communauté européenne.

AGRICULTURE, CHASSE ET PÊCHE

2007

● Ministre de l'agriculture et de la pêche c/ M. et Mme Blondeau [2 esp.]

Sect., 6 avr. 2007 [nos 265702 et 266913]

Eu égard à l'atteinte excessive à l'intérêt général et au droit de propriété qui résulterait d'une remise en cause générale des opérations d'aménagement foncier à une date postérieure à celle du transfert de propriété, le juge de l'excès de pouvoir ne peut annuler l'acte ordonnant les opérations ou suspendre son exécution que jusqu'à la date du transfert de propriété. De même, statuant après le transfert définitif de propriété sur un recours dirigé contre un acte pris dans le cadre des opérations d'aménagement foncier, le juge ne peut faire droit à une exception tirée de l'illégalité de l'acte ordonnant ces opérations que si celui-ci a fait l'objet d'une annulation ou d'une suspension avant le transfert de propriété.

Un remembrement est une procédure compliquée – bien qu'il ne constitue pas, en termes juridiques, une procédure complexe – ouverte par un arrêté qui l'ordonne et en fixe le périmètre, puis close par un arrêté qui ordonne le dépôt en mairie du plan du nouveau parcellaire et réalise alors le transfert de propriété. En plus de ces arrêtés interviennent divers actes administratifs : entre autres, les décisions des commissions communales ou départementales d'aménagement foncier et les délibérations des conseils municipaux.

Pour sécuriser cette procédure, la jurisprudence a été conduite à fixer des règles protectrices. D'une part, les recours contre l'arrêté qui clôt le remembrement ne peuvent être fondés que sur les vices propres de l'arrêté (4 juil. 1955, *Dame Marotte*, n° 12889, T. p. 641). D'autre part, un requérant ne peut exciper de l'illégalité de l'arrêté ordonnant le remembrement, s'il est devenu définitif, à l'encontre d'une décision de la commission départementale. Mais un nombre croissant de recours étaient dirigés contre l'arrêté ordonnant le remembrement, parfois très longtemps après son édiction et même après la fin des opérations de remembrement. L'administration n'arrivant pas à apporter la preuve de mesures de publicité suffisantes, les recours étaient recevables, et souvent fondés.

La question se posait alors de savoir quelles étaient les conséquences de l'annulation de cet arrêté sur les actes subséquents. Un avis du Conseil d'État, publié dans son *Rapport annuel 2002*, avait considéré que cette annulation était susceptible d'entraîner l'annulation par voie de conséquence des actes postérieurs non définitifs qui soit font application de l'arrêté, soit sont pris sur son fondement. Diverses cours administratives d'appel, saisies de cette difficulté, avaient pris des positions différentes, étant entendu qu'en cas d'annulation de l'arrêté ordonnant le dépôt du plan de remembrement, les transferts de propriété sont réputés ne pas avoir eu lieu (Cass. Civ. 3e, 16 oct. 1973, Bull. civ. III n° 531).

Consciente des désordres majeurs qu'entraîneraient de telles annulations en chaîne, en raison parfois de motifs de forme mineurs, la Section du contentieux du Conseil d'État a, par deux décisions du 6 avril 2007 (*Ministre de l'agriculture et de la pêche c/ M. et Mme Blondeau*) estimé que, eu égard à l'atteinte excessive à l'intérêt général et au respect du droit de propriété des autres intéressés qui résulterait d'une remise en cause générale des opérations d'aménagement foncier à une date postérieure à celle du transfert de propriété, le juge de l'excès de pouvoir ne peut annuler l'acte ordonnant les opérations ou suspendre son exécution que jusqu'à la date du transfert de propriété. De même, statuant après le transfert définitif de propriété sur un recours dirigé contre un acte pris dans le cadre des opérations d'aménagement foncier, le juge ne peut faire droit à une exception tirée de l'illégalité de l'acte ordonnant ces opérations que si celui-ci a fait l'objet d'une annulation ou d'une suspension avant le transfert de propriété.

Il est cependant souligné que le propriétaire de parcelles incluses dans le périmètre d'une opération d'aménagement foncier peut contester les effets de cette opération sur ses biens en formant devant la juridiction administrative un recours pour excès de pouvoir à l'encontre de la décision de la commission départementale d'aménagement foncier statuant sur sa réclamation et, le cas échéant, obtenir, même après la clôture de cette opération, la modification de ses attributions si celles-ci n'ont pas été déterminées conformément aux règles applicables à l'aménagement foncier. Dans ce cas, le propriétaire peut également demander l'annulation de l'acte ordonnant la réalisation de l'opération d'aménagement foncier, laquelle, si elle est prononcée par le juge, est, en principe, de nature à entraîner par voie de conséquence celle de tout acte pris sur son fondement qui a été déféré au juge de l'excès de pouvoir dans le délai de recours contentieux.

AIDE SOCIALE

2007

● Association du personnel relevant des établissements pour inadaptés (APREI)

Sect., 22 fév. 2007 [n° 264541]

Indépendamment des cas dans lesquels le législateur a lui-même entendu reconnaître ou, à l'inverse, exclure l'existence d'un service public, une personne privée qui assure une mission d'intérêt général sous le contrôle de l'administration et qui est dotée à cette fin de prérogatives de puissance publique est chargée de l'exécution d'un service public. En outre, même en l'absence de telles prérogatives, une personne privée doit également être regardée, dans le silence de la loi, comme assurant une mission de service public lorsque, eu égard à l'intérêt général de son activité, aux conditions de sa création, à son organisation ou à son fonctionnement, aux obligations qui lui sont imposées ainsi qu'aux mesures prises pour vérifier que les objectifs qui lui sont assignés sont atteints, il apparaît que l'administration a entendu lui confier une telle mission.

Dans cette décision, la Section du contentieux a précisé, à propos d'un litige relatif à la communication de documents administratifs, les critères permettant de caractériser un organisme privé comme exerçant une mission de service public.

L'article 2 de la loi du 17 juillet 1978 disposait, dans sa rédaction alors applicable : « les documents administratifs sont de plein droit communicables aux personnes qui en font la demande, qu'ils émanent des administrations de l'État, des collectivités territoriales, des établissements publics ou des organismes, fussent-ils de droit privé, chargés de la gestion d'un service public ». L'association du personnel relevant des établissements pour inadaptés (APREI) avait demandé, sur le fondement de ces dispositions, la communication des états du personnel d'un centre d'aide par le travail (CAT) géré par une association familiale départementale. Celle-ci ayant refusé d'accéder à la demande, y compris après un avis favorable de la commission d'accès aux documents administratifs, l'APREI avait saisi le tribunal administratif de Montpellier.

La compétence du juge administratif dépendait toutefois de la question de savoir si les dispositions de la loi du 17 juillet 1978 étaient applicables, ou, en d'autres termes, si, en sa qualité de gestionnaire du centre d'aide en cause, l'association familiale départementale devait être regardée comme un organisme privé chargé de la gestion d'un service public. Alors que le tribunal administratif avait jugé que l'association gestionnaire relevait bien de cette catégorie, la cour administrative d'appel avait, au contraire, estimé que l'association gestionnaire ne pouvait être regardée comme chargée de la gestion d'un service public et avait, par suite, rejeté la requête de l'APREI comme portée devant une juridiction incompétente pour en connaître.

Saisi en cassation par l'APREI, le Conseil d'État a réexaminé et clarifié les critères d'identification de l'organisme privé chargé d'une mission de service public. Trois critères avaient été dégagés par la jurisprudence (Sect., 28 juin 1963, *Sieur Narcy*, n° 43834, p. 401) : une mission d'intérêt général, un contrôle de l'administration et l'existence de prérogatives de puissance publique. La nécessité que l'organisme dispose de prérogatives de puissance publique suscitait néanmoins le débat, et avait fait l'objet de fortes atténuations jurisprudentielles, notamment par l'arrêt du Tribunal des conflits *Bernardi* (6 nov. 1978, n° 02087, p. 652) et la décision du Conseil d'État *Ville de Melun* (20 juil. 1990, n°s 69867 et 72160, p. 220), qui avaient admis l'existence d'une mission de service public confiée à un organisme privé, même en l'absence de prérogatives de puissance publique.

La Section a jugé, dans un considérant de principe, qu'indépendamment des cas dans lesquels le législateur a lui-même entendu reconnaître ou, à l'inverse, exclure l'existence d'un service public, une personne privée qui assure une mission d'intérêt général sous le contrôle de l'administration et qui est dotée à cette fin de prérogatives de puissance publique est chargée de l'exécution d'un service public. Le critère tiré de l'existence de prérogatives de puissance publique demeure donc pertinent.

Toutefois, elle a ajouté que, même en l'absence de telles prérogatives, une personne privée doit également être regardée, dans le silence de la loi, comme assurant une mission de service public lorsque, eu égard à l'intérêt général de son activité, aux conditions de sa création, à son organisation ou à son fonctionnement, aux obligations qui lui sont imposées ainsi qu'aux mesures prises pour vérifier que les objectifs qui lui sont assignés sont atteints, il apparaît que l'administration a entendu lui confier une telle mission. En l'absence de prérogatives de puissance publique, il appartient donc au juge de rechercher dans un faisceau d'indices la volonté de la collectivité publique de confier une mission de service public à une personne privée.

Ce faisant, la Section du contentieux ne s'est toutefois pas prononcée sur les critères de qualification de la mission assumée par une personne privée en vertu d'une dévolution contractuelle, comme une délégation de service public.

Appliquant cette grille d'analyse au cas d'espèce, la Section du contentieux, après avoir relevé que l'insertion sociale et professionnelle des personnes handicapées constitue une mission d'intérêt général, a confirmé l'arrêt de la cour, en jugeant qu'il résulte des dispositions de la loi n° 75-534 du 30 juin 1975, éclairées par leurs travaux préparatoires, que le législateur a entendu exclure que la mission assurée par les organismes privés gestionnaires de centres d'aide par le travail revête le caractère d'une mission de service public.

Département de la Charente-maritime

Ass., 14 déc. 2007 [n° 286891]

Les personnes âgées hébergées en établissement social ou médico-social au titre de l'aide sociale doivent pouvoir disposer des ressources nécessaires au paiement des dépenses légalement exigibles et exclusives de tout choix de gestion, du ticket modérateur et du forfait hospitalier, ou des cotisations d'assurance maladie nécessaires pour couvrir ces frais, ainsi que des dépenses censées trouver leur contrepartie dans le tarif de l'établissement mais que ce dernier s'abstient de prendre en charge.

L'article L. 132-3 du code de l'action sociale et des familles prévoit que les ressources des personnes âgées et des personnes handicapées en établissement au titre de l'aide sociale, hors prestations familiales, retraite du combattant et pensions attachées aux distinctions honorifiques, doivent être affectées au paiement de leurs propres frais d'hébergement, dans la limite de 90 %. La somme laissée à la disposition de ces personnes après cette ponction, soit 10 % de leurs ressources, ne peut, en vertu de l'article 5 du décret du 15 novembre 1954, désormais codifié à l'article R. 231-6 du code de l'action sociale et des familles, être inférieure à 1 % du minimum vieillesse lorsque le placement comporte le logement et l'entretien complet – soit 74,50 euros en 2007. Cette somme, communément appelée « argent de poche », est conçue pour permettre à la personne hébergée d'acquitter de menues dépenses d'agrément, notamment vestimentaires et d'alimentation. Sur le fondement de l'article L. 121-4 du même code, qui permet au Conseil général de décider, dans un règlement départemental d'aide sociale, de conditions et de montants plus favorables que ceux prévus par les lois et règlements, les départements peuvent en outre majorer le montant de cette somme, notamment pour tenir compte de certaines dépenses que les personnes âgées doivent exposer.

C'est en application de ces règles, qui traduisent le caractère subsidiaire de l'aide sociale, que le département de la Charente-Maritime avait admis Mme Forgeau à l'aide sociale au titre de son hébergement en maison de retraite, tout en refusant de déduire de l'assiette des ressources sur laquelle s'opère le prélèvement de 90 % les sommes nécessaires au paiement de cotisations d'assurance maladie complémentaire et de frais d'assurance responsabilité civile. Le département, dont le règlement départemental d'aide sociale prévoyait la possibilité d'une prise en charge plafonnée des cotisations de complémentaire santé des personnes hébergées, estimait notamment que la situation de l'intéressée ne justifiait pas une telle prise en charge.

Par la décision du 14 décembre 2007, *Département de la Charente-Maritime*, l'Assemblée du contentieux a précisé la portée des dispositions de l'article L. 132-3 du code de l'action sociale et des familles. Elle a jugé qu'il y avait lieu, indépendamment des règles plus favorables éventuellement prévues dans un règlement départemental d'aide sociale, de soustraire de l'assiette des ressources sur laquelle s'impute le prélèvement de 90 %, donc de laisser à la disposition de la personne âgée hébergée en sus de son « argent de poche », les sommes nécessaires à la couverture de trois catégories de dépenses.

Elle a estimé tout d'abord, en s'appuyant implicitement sur les travaux préparatoires des dispositions en cause, que le législateur avait entendu permettre à la personne âgée hébergée d'acquitter les dépenses légalement exigibles et exclusives de tout choix de gestion auxquelles elle doit faire face, tel que l'impôt sur le revenu dont elle est éventuellement redevable. Tel n'étant pas le cas des frais d'assurance responsabilité civile, le Conseil d'État a fait droit au pourvoi du département sur ce point et considéré que ce dernier pouvait, à bon droit, refuser la déduction de cette dépense.

Le Conseil d'État s'est en revanche refusé à appliquer le même raisonnement aux cotisations d'assurance maladie complémentaire, bien que celles-ci ne soient pas, au sens strict, des dépenses « légalement exigibles ». Dès lors que l'éligibilité à la couverture maladie universelle complémentaire (CMUC) prévue par le livre IX du code de la sécurité sociale s'apprécie au regard des ressources des personnes hébergées avant que ne soit opéré le prélèvement de 90 % (5 juin 2002, *Ministre de l'emploi et de la solidarité c/ Mme Rose*, n° 239757, p. 209), certaines personnes, dont les ressources avant ponction dépassaient le plafond de la CMUC, se voyaient contraintes d'acquitter les cotisations d'assurance maladie complémentaire à l'aide de leur « argent de poche », lequel n'était d'ailleurs pas toujours suffisant pour ce faire. Constatant qu'une telle situation pouvait aboutir à méconnaître les exigences résultant du onzième alinéa du Préambule de la Constitution de 1946 auquel se réfère le Préambule de la Constitution du 4 octobre 1958, en vertu duquel la nation garantit à tous la protection de la santé, l'Assemblée du contentieux a jugé qu'il y avait lieu, pour l'application des dispositions de l'article L. 132-3 du code de l'action sociale et des familles, de laisser à la disposition des personnes âgées hébergées les sommes nécessaires à l'acquittement de la part des tarifs de sécurité sociale restant à leur charge du fait des dispositions législatives et réglementaires et le forfait journalier prévu par l'article L. 174-4 du code de la sécurité sociale, ou les cotisations d'assurance maladie complémentaire permettant de couvrir ces dépenses.

Est enfin clairement affirmée la règle selon laquelle le coût d'une prestation ou d'un produit censé, en vertu des dispositions législatives et réglementaires applicables, être fourni par l'établissement d'accueil au titre de l'un des trois tarifs prévus par le code de l'action sociale et des familles (soins, dépendance, hébergement) ne peut en aucun cas être mis à la charge de la personne âgée hébergée. Par conséquent, dans les établissements qui assurent à la fois l'hébergement et l'entretien des personnes âgées, une personne hébergée qui se voit demander d'acquitter elle-même des dépenses d'entretien qui devraient trouver leur contrepartie dans le tarif de l'établissement doit bénéficier d'une majoration de son « argent de poche » à due concurrence de la contribution exigée d'elle. Le Conseil d'État précise à cette occasion que ces dépenses d'entretien incluent l'ensemble des prestations d'administration générale, d'accueil hôtelier, de restauration, d'animation de la vie sociale de l'établissement et les autres prestations et fournitures nécessaires au bien-être de la personne dans l'établissement, dès lors qu'elles ne sont pas liées à son état de santé ou à son état de dépendance, ce qui peut, par exemple, inclure les protections urinaires pour les personnes incontinentes mais non dépendantes.

ASSURANCES

2006

● Société CNP Assurances

Sect., 17 nov. 2006 [n° 276926]

Par cette décision, dont la portée s'étend à l'ensemble des sanctions administratives, le Conseil d'État a clarifié les règles d'application des textes dans le temps ainsi que l'étendue du pouvoir de sanction de la Commission de contrôle des assurances, des mutuelles et des institutions de prévoyance (CCAMIP), devenue ultérieurement l'Autorité de contrôle des assurances et des mutuelles (ACAM).

Le Conseil d'État précise tout d'abord, à l'occasion de cette affaire, que si, en matière d'édiction de sanctions administratives, sont seuls punissables les faits constitutifs d'un manquement à des obligations définies par des dispositions législatives ou réglementaires en vigueur à la date où ces faits ont été commis, en revanche – et réserve faite du cas où il en serait disposé autrement – s'appliquent immédiatement les textes fixant les modalités des poursuites et les formes de la procédure à suivre, alors même qu'ils conduisent à réprimer des manquements commis avant leur entrée en vigueur – à ceci près que n'ont pas à être réitérés les actes de procédure régulièrement intervenus.

Or, si, en l'espèce, les faits litigieux étaient antérieurs à la loi n° 2003-706 du 1er août 2003 de sécurité financière et au décret n° 2004-693 du 15 juillet 2004 pris pour son application, la procédure de sanction était postérieure à ces deux textes. Il en résulte que si, à la date des manquements reprochés en l'espèce à la CCAMIP, les règles procédurales en vigueur exigeaient de la Commission qu'elle adresse à l'entreprise mise en cause une injonction avant de prononcer toute sanction, la loi du 1er août 2003 de sécurité financière ayant supprimé cette obligation, ces règles nouvelles étaient d'application immédiate et, par suite, la Commission n'avait plus en 2004 à prononcer d'injonction avant d'entamer une procédure de sanction.

Le Conseil d'État a ensuite rappelé que lorsqu'elle est saisie d'agissements pouvant donner lieu à l'exercice de son pouvoir de sanction, la CCAMIP doit être regardée comme décidant du bien-fondé d'accusations en matière pénale au sens de l'article 6 de la convention européenne de sauvegarde des droits de l'homme et des libertés fondamentales (28 oct. 2002, *Laurent*, n° 222188, p. 361).

Pour juger du respect de ces obligations, le Conseil d'État relève l'existence d'une séparation fonctionnelle entre les services de la Commission, qui exercent la mission de contrôle sous l'autorité du secrétariat général, et le collège disposant du pouvoir de sanction. Il en déduit que les conditions dans lesquelles les services s'acquittent de cette fonction ne conduisent pas le président de la Commission, ni d'ailleurs ses autres membres, à prendre parti, avant de prononcer la sanction, sur les faits reprochés aux personnes qui font l'objet d'une procédure disciplinaire. La phase de contrôle et la procédure de sanction sont ainsi menées par des personnes distinctes à des périodes successives. De cette séparation claire, il résulte également qu'aucun principe général du droit non plus que les stipulations du premier paragraphe de l'article 6 de la convention européenne de sauvegarde des droits de l'homme et des libertés fondamentales n'impose que, une fois que la CCAMIP a pris la décision d'ouvrir une procédure de sanction, les phases d'instruction et de prononcé de la sanction soient séparées (7 juin 2000, *Zurmely*, n° 206362, T. p. 1166 ; 30 juil. 2003, *Société Dubus SA*, n° 240884, T. p. 672 ; 6 janv. 2006, *Société Lebanese Communication Group*, n° 279596, p. 1). Dès lors que le président de la Commission ne dispose ni d'attributions différentes de celles que la Commission pourrait elle-même exercer ni du pouvoir de décider par lui-même de modifier le champ de la saisine de la Commission, sa participation au délibéré de celle-ci n'est pas, par elle-même, de nature à porter atteinte à l'exigence d'impartialité rappelée au premier paragraphe de l'article 6 de la convention.

La séparation entre phase de contrôle et procédure de sanction explique également que le délai de quinze jours accordé à la personne informée de l'ouverture d'une procédure de sanction à son égard pour transmettre ses observations écrites à la Commission est jugé suffisant, dans la mesure où cette dernière ne peut agir, en vertu de l'article R. 310-18 du code des assurances, que sur saisine de son secrétaire général et sur le fondement d'un rapport de contrôle. Ce rapport, qui expose nécessairement les griefs susceptibles de donner lieu à poursuite disciplinaire, est en effet lui-même établi à la suite d'une procédure contradictoire. La personne poursuivie connaît donc les griefs bien en amont de la notification par la Commission de ceux qu'elle a décidé de retenir.

Le Conseil d'État a également clarifié l'étendue du pouvoir de sanction de la CCAMIP et de l'autorité qui lui a succédé, l'ACAM. On sait qu'« appliquée en dehors du droit pénal, l'exigence d'une définition des infractions sanctionnées se trouve satisfaite, en matière administrative, par la référence aux obligations auxquelles le titulaire d'une autorisation administrative est soumis en vertu des lois et règlements » (CC, 17 janv. 1989, n° 88-248 DC, *Loi modifiant la loi n° 86-1067 du 30 septembre 1986 relative à la liberté de communication*, Rec. p. 18). Le Conseil d'État se garde d'en déduire qu'une autorité de régulation pourrait sanctionner la méconnaissance de n'importe quelle loi ou règlement applicable à la personne entrant dans le champ de son contrôle. Ainsi, le pouvoir de sanction dont était investi l'ancienne Autorité de régulation des télécommunications (ART), bien que visant les manquements des opérateurs « aux dispositions législatives et réglementaires afférentes à leur activité », ne couvrait que les infractions liées à l'application du code des postes et télécommunications et des autorisations données aux opérateurs pour leur activité dans les télécommunications et non les infractions à des législations d'une autre nature (CC, 23 juil. 1996, n° 96-378 DC, Rec. p. 101).

Fallait-il adopter une approche différente pour l'ACAM ? La rédaction des textes ne le justifiait pas. En premier lieu, l'expression retenue pour l'ART est la même que celle figurant à l'article L. 310-18 du code des assurances avant sa réécriture par la loi de sécurité financière du 1er août 2003.

En second lieu, si la rédaction actuelle de l'article L. 310-18 du code des assurances, issue de la loi de 2003, est apparemment plus large (infractions à « une disposition législative ou réglementaire qui lui est applicable »), l'étude des travaux parlementaires montre que le recours à cette formule s'explique par le fait que la mission de la CCAMIP est l'addition de celles précédemment dévolues à la Commission de contrôle des assurances (CCA) et à la Commission de contrôle des mutuelles et des institutions de prévoyance (CCMIP), à droit constant. Ainsi que l'indiquait le rapporteur du texte devant l'Assemblée nationale, l'expression signifie que la nouvelle commission veille au respect par les organismes de ces différents secteurs des dispositions législatives et réglementaires qui leur sont respectivement applicables, le législateur ayant entendu « reprendre le droit existant ».

En conséquence, le Conseil d'État juge que, pour exercer la mission que lui a confiée le législateur, la CCAMIP ne peut sanctionner sur le fondement des dispositions précitées que la méconnaissance d'une disposition législative ou réglementaire spécifique à l'assurance, même non inscrite dans le code des assurances. Il en va d'ailleurs de même dans l'état du droit issu de la loi du 1er août 2003 de sécurité financière.

Le Conseil d'État juge enfin que la publication aux frais de la personne poursuivie d'une sanction infligée par la CCAMIP est, en elle-même, constitutive d'une sanction (v. en matière de sanctions ordinales : Sect., 14 avr. 1999, *Syndicat des médecins libéraux et autres*, nos 202605 et 203623, p. 139 ; 8 déc. 2000, *CPAM de la Nièvre*, n° 198540, p. 602), sans qu'elle ait besoin de faire l'objet d'une motivation particulière (4 mai 1998, *Société de Bourse Patrice Wargny*, n° 164294, p. 192 : si l'autorité administrative qui prononce une sanction doit énoncer les éléments de fait et de droit constitutifs des infractions commises par la personne poursuivie, elle n'est pas tenue d'indiquer les raisons qui la conduisent à infliger une sanction plutôt qu'une autre parmi celles qui sont prévues par la loi). Dès lors, si, pour être prononcée, cette sanction doit avoir été légalement instituée à la date de commission des faits litigieux, ses modalités d'application sont en principe déterminées par les textes en vigueur à la date où elle est mise à exécution, sauf dans l'hypothèse où cette application aurait pour effet de rendre plus sévère la peine infligée. Dès lors, alors même que l'article L. 310-18 du code des assurances, dans sa rédaction applicable à la date des agissements reprochés, soumettait la publication de la sanction au caractère définitif de cette dernière, la Commission pouvait ordonner, dès le prononcé de la sanction, sa publication, sous réserve que l'exécution de cette sanction complémentaire n'intervienne qu'une fois la décision devenue définitive et après modification de ses motifs afin de tirer les conséquences de la décision du Conseil d'État statuant, le cas échéant, sur le recours formé contre elle, ce qui était le cas en l'espèce.

2007

● M. Tinez et autres

Sect., 30 nov. 2007 [n° 293952]

Le refus de donner suite à une plainte transmise par un tiers, opposé par une autorité administrative indépendante détentrice d'un pouvoir de sanction, exercé de sa propre initiative et dont l'objet ne se borne pas à punir certains comportements mais consiste à assurer la sécurité d'un marché, est susceptible de faire l'objet d'un recours pour excès de pouvoir. Toute personne intervenant sur le marché soumis au contrôle de l'autorité justifie d'un intérêt lui donnant qualité pour contester ce refus.

M. Tinez était client d'une compagnie d'assurance auprès de laquelle il avait souscrit une police d'assurance-vie lui offrant l'avantage de pouvoir arbitrer entre différents supports d'investissement, plus ou moins spéculatifs, sur la base de cotations passées. Cette clause dite d'« arbitrage à cours connu » s'étant avérée très coûteuse pour son assureur, celui-ci a cherché à remettre en cause les termes du contrat par le biais de la signature d'un avenant. Un litige contractuel en a découlé, qui a donné lieu à condamnation de l'assureur pour dol. M. Tinez et d'autres clients de la même entreprise d'assurance ont estimé que les provisions que celle-ci avait passées pour faire face au risque contentieux lié aux nombreux autres litiges similaires dans lesquels elle se trouvait impliquée étaient insuffisantes. Ils ont saisi l'autorité de contrôle des assurances et des mutuelles (ACAM) de cette question, en lui demandant d'engager la procédure de sanction prévue à l'article L. 310-18 du code des assurances à l'encontre de leur assureur. Le silence de l'autorité ayant fait naître une décision implicite de rejet, ils ont demandé au Conseil d'État son annulation.

Celui-ci avait déjà eu l'occasion, revenant sur une jurisprudence antérieure (26 fév. 1982, *Guenoun*, n° 16322, p. 90), de juger que la décision par laquelle la Commission bancaire refuse d'ouvrir une procédure de sanction à l'encontre d'une personne soumise à son contrôle est une décision administrative susceptible d'être déférée au juge de l'excès de pouvoir (30 déc. 2002, *Mme de Rimonteil de Lombares*, n° 240635, p. 490). Il avait, à la même occasion, précisé les modalités du contrôle juridictionnel auquel était soumise une telle décision, eu égard au large pouvoir d'appréciation qui devait être reconnu à la commission dans l'exercice de son pouvoir d'engager les poursuites : il s'agissait d'un contrôle restreint, limité au contrôle de l'erreur matérielle, de l'erreur de droit et du détournement de pouvoir. Il avait également admis en l'espèce, sans se prononcer expressément sur la question, l'intérêt pour agir de la requérante, simple cliente de la banque.

La question posée à la Section du contentieux portait sur la conciliation entre cette jurisprudence et un courant ancien et constant qui dénie aux tiers tout intérêt leur donnant qualité pour agir contre une décision refusant d'engager une procédure de sanction (not. : 19 oct. 1979, *Sté Giaconia*, n° 12176, p. 383 ; Sect., 16 mai 1980, *Melki*, n° 07016, p. 230 ; Sect., 10 juil. 1995, *Laplace*, n° 141654, p. 302 ; 17 mai 2006, *Bellanger*, n° 268938, p. 257). Ce courant comportait des exceptions : d'une part, s'agissant des refus de saisir le parquet opposés par l'autorité administrative, en raison du lien existant entre condamnation pénale et réparation civile (Sect., 30 sept. 1955, *Union nationale des syndicats d'opticiens*, n° 5622, p. 453) ; d'autre part, s'agissant des refus de l'autorité gestionnaire du domaine public de déférer un contrevenant devant le tribunal administratif, eu égard à l'objectif de réparation des atteintes au domaine qui domine le régime de la répression des contraventions de grande voirie (23 fév. 1979, *Association des amis des chemins de ronde*, n° 04467, p. 75) ; enfin, s'agissant des refus émanant d'autorités administratives expressément chargées par la loi d'une mission de recueil et d'instruction des plaintes (28 mars 1997, *Solana*, n° 182912, p. 119, à propos de la Commission nationale de l'informatique et des libertés ; 23 avr. 1997, *SACD*, n° 131688, p. 163, à propos du Conseil supérieur de l'audiovisuel). En outre, ce courant jurisprudentiel était presque exclusivement illustré par des espèces dans lesquelles le pouvoir de sanction s'exerçait selon une relation bilatérale entre l'autorité répressive et la personne sanctionnée, sans incidence directe sur les intérêts des tiers (v. cependant, jugeant irrecevable un recours contre un refus d'engager des poursuites à l'encontre d'un concurrent, 8 avr. 1998, *Sté NRJ*, n° 172333, T. p. 1078-1153). Or, certaines autorités disposant d'un pouvoir de sanction ne l'exercent pas à des fins purement punitives, mais, combiné aux autres pouvoirs qui leur sont reconnus par la loi, dans le but d'assurer la régulation du secteur dont elles sont en charge, autrement dit dans l'intérêt des acteurs de ce secteur. A cet argument tenant à la nature particulière du pouvoir de sanction exercé par des autorités chargées d'une mission de régulation s'ajoutait celui tiré de l'absence de responsabilité politique des autorités administratives indépendantes, qui pouvait plaider en faveur d'un contrôle juridictionnel des décisions par lesquelles elles s'abstiennent d'exercer les pouvoirs qui leur sont confiés.

Au vu de ces éléments, la Section du contentieux a choisi, sans renier le courant jurisprudentiel rappelé plus haut, d'y apporter une nouvelle dérogation, en étendant et précisant la jurisprudence *Rimonteil de Lombares*. Elle l'a étendue en la généralisant aux refus d'engager des poursuites opposés par toute autorité administrative indépendante titulaire d'un pouvoir de sanction exercé de sa propre initiative dans le but d'assurer la sécurité d'un marché. Elle l'a précisée en ajoutant que toute personne intervenant sur le marché en question justifie d'un intérêt lui donnant qualité pour agir contre un tel refus, confirmant ainsi une volonté d'ouvrir largement cette possibilité de recours.

En l'espèce, M. Tinez et autres, en leur seule qualité de clients d'une entreprise d'assurance, justifiaient d'un intérêt pour agir contre la décision attaquée. Une fois reconnue la recevabilité de leur requête, le jugement de celle-ci au fond ne posait pas de difficulté particulière et la Section en a prononcé le rejet.

CAPITAUX, MONNAIE, BANQUES

2007

● Société Dubus SA

Sect., 25 juil. 2007 [n° 266735]

La Commission bancaire a pour mission de sanctionner la méconnaissance de toute disposition législative ou réglementaire applicable aux établissements de crédit et aux prestataires de services d'investissement, même si elle ne figure pas dans le code monétaire et financier, dès lors que le respect de cette disposition est nécessaire à l'exercice effectif des missions de contrôle que le législateur lui a confiées. Lorsqu'une entreprise d'investissement permet à son client qui intervient sur un marché à règlement différé de reporter d'un mois boursier sur l'autre ses positions en inscrivant au débit de son compte espèces la moins-value constatée lors du report, le maintien durable d'un solde débiteur sur ce compte, due à une insuffisance de couverture par le client, constitue une mise à disposition de fonds, au sens de l'article L. 313-1 du code monétaire et financier, dès lors que l'entreprise d'investissement ne fait pas toute diligence pour obtenir l'apurement du débit constaté.

La société requérante, prestataire de services d'investissement, avait fait l'objet d'une sanction de la part de la Commission bancaire, contestée devant le Conseil d'État qui, dans le silence des textes, devait statuer sur un tel recours, dirigé contre la décision d'une juridiction, en qualité de juge de cassation (30 mai 2007, *Société Dubus Management SA,* n° 283888). Deux des griefs retenus par la Commission bancaire posaient des questions de droit délicates dont les implications pratiques étaient importantes.

La sanction attaquée se trouvait, en premier lieu, justifiée par une violation des articles L. 123-12 et s. du code de commerce, qui énoncent les principes généraux applicables à la tenue de leurs comptes par les commerçants (sincérité et régularité des comptes, prudence dans leur établissement, etc.). Or, ainsi que le faisait valoir la société en défense, l'article L. 613-2 du code monétaire et financier donne seulement mission à la Commission bancaire de veiller au respect des dispositions du même code, ainsi que de celles qui prévoient expressément son contrôle, ce qui n'est pas le cas de ces articles du code de commerce. La question posée portait donc sur l'étendue du pouvoir de sanction de la Commission bancaire, envisagée sous l'angle du champ des obligations dont elle est susceptible de sanctionner la méconnaissance.

La Section du contentieux avait déjà eu l'occasion de trancher une question très similaire concernant l'ancienne commission de contrôle des assurances, des mutuelles et des institutions de prévoyance (CCAMIP). Elle avait alors jugé que, pour exercer la mission confiée par le législateur, la CCAMIP pouvait sanctionner la violation de toute disposition spécifique au secteur de l'assurance, même non inscrite dans le code des assurances (17 nov. 2006, *Société CNP Assurances*, n° 276926, p. 473).

La Section a repris et approfondi ce raisonnement, en s'appuyant en l'espèce, d'une part, sur les dispositions de l'article L. 613-21 du code monétaire et financier, au terme desquelles la Commission peut notamment sanctionner le manquement, par un prestataire de services d'investissement, à «une disposition législative ou réglementaire afférente à son activité», d'autre part, sur celles de l'article L. 511-37 du même code, qui lui confient la charge de contrôler la régularité de la publication de leurs comptes par les entreprises d'investissement et lui donnent le pouvoir de remédier aux inexactitudes ou omissions qu'elle constate. La Section a ainsi jugé que, dès lors que le respect des dispositions en cause du code de commerce, relatives à des règles de fond du droit comptable, était nécessaire à l'exercice effectif des missions de contrôle que le législateur lui a confiées, la Commission bancaire avait pu sans erreur de droit se fonder sur leur méconnaissance pour prononcer une sanction.

La sanction contestée se trouvait également motivée par une violation de la réglementation relative aux opérations de crédit, lesquelles se définissent en substance, aux termes de l'article L. 313-1 du code monétaire et financier, comme la mise à disposition de fonds à titre onéreux.

La société contestait, en premier lieu, s'être livrée à une mise à disposition de fonds en permettant à ses clients intervenant sur un marché à règlement différé de reporter d'une échéance sur l'autre leur position, en inscrivant le cas échéant au débit de leur compte espèces la moins-value constatée lors du report. La Section a écarté cette argumentation en relevant que la société avait autorisé le maintien durable de soldes débiteurs sur les comptes de ses clients, sans faire les diligences nécessaires pour obtenir de ces derniers qu'ils assurent la couverture de ces soldes. En second lieu, la société faisait valoir que l'avantage consenti à ses clients n'avait pas été rémunéré par des intérêts sur les sommes avancées. La Section ne s'est pas non plus arrêtée à cette circonstance : elle a jugé que la perception, en contrepartie, de commissions, suffisait à conférer un caractère onéreux aux opérations litigieuses.

Les deux critères de la définition légale étant réunis, la Commission bancaire avait donc pu, sans erreur de droit, regarder les facilités accordées à ses clients par la société comme des opérations de crédit. Ceci impliquait la soumission de telles facilités, qui ne sont pas rares dans la pratique des prestataires de services d'investissement, à la réglementation du crédit, d'où découlaient différentes obligations dont certaines avaient été méconnues en l'espèce (notamment, celles de rechercher l'accord exprès du bénéficiaire du crédit, de fixer la limite de ce dernier dans le temps, d'engager des actions de recouvrement en cas de défaillance du débiteur).

Les autres moyens invoqués par la société à l'encontre de la sanction qu'elle contestait ne présentaient pas de difficulté particulière et le Conseil d'État, après les avoir écartés, a rejeté le pourvoi dont il était saisi.

2008

- Société Tradition Securities & Futures
- Société CM CIC Securities

Sect., 6 juin 2008 [n° 299203 et n° 300619]

La commission des sanctions de l'Autorité des marchés financiers, agissant dans le cadre de sa mission de répression disciplinaire des manquements professionnels, peut retenir les faits commis par le préposé d'une société prestataire de services d'investissement pour sanctionner cette société prestataire. Cette responsabilité des sociétés prestataires de services d'investissement en leur qualité de personnes morales, à raison des manquements de leurs préposés, ne méconnaît pas le principe constitutionnel de responsabilité personnelle, dès lors que ces préposés ont agi dans le cadre de leurs fonctions.

Le 26 mai 1999, près de 70 % du capital de la société Leblanc a été cédé à la société Sedia. La société Sedia a alors proposé aux autres actionnaires de Leblanc de bénéficier d'un certificat de valeur garantie (CVG) Sedia par action Leblanc apportée en échange, le CVG étant un instrument financier émis par l'initiateur d'une opération de Bourse au profit des actionnaires de la société cible dans le but de garantir à ces derniers, à un terme donné, une certaine valeur d'échange de leurs titres. En l'espèce, cette valeur était constituée de la différence entre un montant plafond et une moyenne du cours de l'action Leblanc établie sur une période de référence précédent le terme du CVG. Le 24 septembre 1999, la société Sedia a émis 92 808 CVG, dont la période d'exercice expirait le 17 juin 2002. A l'approche de cette échéance, les intérêts financiers des parties divergeaient : alors que la société Sedia avait tout intérêt à ce que le cours de l'action Leblanc augmente afin de minorer le prix de remboursement du CVG, les actionnaires de Leblanc avaient tout au contraire intérêt à ce qu'il baisse, afin de majorer le bénéfice tiré du CVG.

En juin 2002, la Commission des opérations de Bourse (COB), constatant une évolution inhabituelle, dans les deux sens, des cours et des volumes de transaction sur l'action Leblanc, a diligenté une enquête. Celle-ci ayant fait apparaître, d'une part, des interventions massives à l'achat imputables à un préposé de la société Mia (aux droits de laquelle est ensuite venue la société Tradition Securities & Futures) pour le compte de la société Sedia, d'autre part, des interventions massives à la vente opérées par un préposé de la société CIC Securities, actionnaire de Leblanc, l'Autorité des marchés financiers (AMF), ayant succédé à la COB, a engagé une procédure disciplinaire à l'encontre de ces sociétés et de leurs préposés. Au terme de cette procédure, elle a, sur le fondement de l'article L. 621-15 du code monétaire et financier, infligé des sanctions disciplinaires non seulement aux préposés, mais également aux sociétés elles-mêmes, en raison des agissements de leurs préposés. Il s'agissait là d'une évolution notable dans la pratique de l'AMF, qui ne sanctionnait jusqu'alors les sociétés que lorsque elles avaient elles-mêmes, par l'intermédiaire de leurs seuls organes ou représentants, commis une faute distincte de celle de leurs préposés.

Les requêtes dirigées contre les sanctions infligées aux deux sociétés posaient donc la délicate question de l'imputabilité à une société, personne morale, des manquements à la réglementation boursière et financière commis par un de ses préposés, personne physique. Était en jeu le principe de responsabilité personnelle, érigé au rang de principe constitutionnel en matière pénale (CC, 16 juin 1999, n° 99-411 DC, *Loi portant diverses mesures relatives à la sécurité routière et aux infractions sur les agents des exploitants de réseau de transport public de voyageurs*, Rec. p. 75) et qui s'applique en matière de sanctions administratives et disciplinaires (avis, 29 oct. 2007, *Société sportive professionnelle LOSC Lille Métropole*, n° 307736, p. 431).

La Section a estimé, en premier lieu, qu'en raison des responsabilités qui incombent aux prestataires de services d'investissement pour assurer le bon fonctionnement des marchés financiers, notamment par l'organisation et le contrôle des interventions de leurs préposés, les manquements commis par ces derniers dans le cadre de leurs fonctions pouvaient leur être directement imputés en leur qualité de personne morale, sans que soit méconnu le principe constitutionnel de responsabilité personnelle. Elle a, ce faisant tiré les conséquences tant du principe de responsabilité des personnes morales (admis en matière de sanctions prononcées par l'AMF : 27 juin 2007, *Société Provalor*, n° 276076), qui implique nécessairement que celles-ci, entités abstraites, puissent être saisies à travers l'action concrète de personnes physiques, que de l'impératif de bon fonctionnement des marchés financiers, dans lesquels la multiplicité des intervenants et les risques de défausse des sociétés sur leurs nombreux préposés justifient d'étendre aux agissements de ces derniers les règles d'imputation jusqu'alors applicables aux seuls dirigeants et représentants des entreprises.

La Section a toutefois estimé, en second lieu, que dans cette hypothèse, la présomption de responsabilité des sociétés prestataires de services n'était pas irréfragable. Ces dernières ont ainsi la possibilité de faire valoir, au cours de la procédure engagée par la commission des sanctions de l'AMF à leur encontre et pour s'exonérer de leur responsabilité, qu'elles avaient adopté et effectivement mis en œuvre des règles de fonctionnement et des modes d'organisation de nature à prévenir et à détecter les manquements professionnels de leurs préposés, de sorte que ces derniers n'ont pu commettre de tels manquements qu'en s'affranchissant du cadre de leur mission, en agissant à des fins étrangères à l'intérêt de leurs commettants.

En l'espèce, ce raisonnement a conduit le Conseil d'État à confirmer les sanctions prononcées par l'AMF à l'encontre des sociétés requérantes en raison de manipulations de cours commises par leurs préposés, dès lors qu'il a estimé que ces sociétés n'avaient pas apporté d'éléments de nature à renverser la présomption de responsabilité qui pesait sur elles.

COMMERCE ET INDUSTRIE

2006

● Ordre des avocats au barreau de Paris

Ass., 31 mai 2006 [n° 275531]

Livrant une présentation complète des principes qui guident désormais l'appréciation de la licéité des interventions de la puissance publique dans le domaine économique, l'Assemblée du contentieux du Conseil d'État a réaffirmé leur soumission au principe de la liberté du commerce et de l'industrie, dont le respect doit désormais être contrôlé au regard exclusivement de l'intérêt public de cette intervention. Elle a par ailleurs consacré expressément l'existence d'activités de service public auxquelles les règles du marché sont inopposables, telle que la mission dévolue à l'organisme créé par le décret du 19 octobre 2004 attaqué.

La requête dirigée par l'ordre des avocats au barreau de Paris contre le décret n° 2004-1119 du 19 octobre 2004 portant création, en application de l'article 2 de l'ordonnance n° 2004-559 du 17 juin 2004, de la « mission d'appui à la réalisation des contrats de partenariats » a fourni l'occasion à l'Assemblée du contentieux de livrer la vision que se fait, aujourd'hui, le Conseil d'État de l'intervention de la puissance publique dans le domaine économique.

Si, par le passé, le Conseil d'État avait parfois accepté que la liberté du commerce et de l'industrie cesse d'être opposable aux interventions des collectivités publiques, dès lors que celles-ci, par leur nature ou leur objet, rentraient dans les attributions de ces collectivités ou concouraient à l'exécution de missions de service public qui leur incombaient (Ass., 12 juil. 1939, *Chambre syndicale des maîtres buandiers de Saint-Étienne*, n° 17795, p. 478 ; 1er juin 1956, *Canivez,* n° 61053, p. 220), il faisait toutefois plus habituellement preuve d'une grande prudence en se plaçant sur le terrain classique consistant à subordonner, dans la lignée de sa décision du 30 mai 1930, *Chambre syndicale du commerce en détail de Nevers* (Sect., n° 6781, p. 583), la licéité de l'intervention publique locale aux cas d'existence d'une carence privée (20 nov. 1964, *Ville de Nanterre*, n° 57435, p. 563 ; Sect., 23 juin 1972, *Société « La plage de la forêt »*, n° 81456, p. 477).

La décision *Ordre des avocats au barreau de Paris* sanctuarise les activités de la puissance publique entrant dans ses missions de service public qui échappent, dès lors, par nature, aux règles du marché. L'Assemblée du contentieux en a déduit clairement, pour la première fois, qu'en présence de telles activités les principes de la liberté du commerce et de l'industrie et du droit de la concurrence ne peuvent être utilement invoqués. Cette décision, qui se situe dans la ligne d'un avis de l'Assemblée générale consultative du Conseil d'État (n° 369315, EDCE 2004, p. 209), est également en phase avec la jurisprudence de la Cour de justice des Communautés européennes, laquelle ne conçoit pas de façon absolue et illimitée le champ d'application du droit de la concurrence (CJCE, 16 mars 2004, *AOK*, aff. C-264/01 et C-306/01).

S'agissant en revanche des interventions économiques d'une personne publique, l'Assemblée du contentieux a réaffirmé leur soumission au principe de la liberté du commerce et de l'industrie dont elle a actualisé les critères de contrôle.

L'intérêt public devient le critère unique à l'aune duquel est désormais appréciée la légalité de l'intervention publique, la carence de l'initiative privée n'étant plus regardée que comme l'un de ses éléments constitutifs, parmi d'autres.

La décision affirme enfin qu'après que le principe même de l'intervention économique ait été acquis, les modalités concrètes de cette intervention doivent être définies dans le respect du droit de la concurrence (Sect, 8 nov. 1996, *Fédération française des sociétés d'assurance*, n° 122644, p. 441 ; avis, 8 nov. 2000, *Soc. Jean-Louis Bernard Consultants*, n° 222208, p. 492).

Au cas d'espèce, l'Assemblée du contentieux a considéré, après une interprétation neutralisante des dispositions du décret attaqué, que l'organisme nouvellement créé était seulement chargé de veiller au respect, par les personnes publiques et les personnes privées chargées d'une mission de service public, du principe de légalité, pour en déduire l'inopérance des règles applicables aux activités de marché.

2007

● Société France Antilles

Sect., 31 janv. 2007 [n° 294896]

Le régime de contrôle des concentrations prévu à l'article L. 410-1 du code de commerce s'applique aux entreprises de presse. Si une opération de concentration concerne plusieurs acheteurs, il incombe au ministre de l'économie, à qui il appartient d'exercer ce contrôle, d'analyser, à partir d'un faisceau d'indices, ses effets anticoncurrentiels en incluant dans son analyse tous ceux de ces acheteurs exerçant une influence déterminante sur l'activité de l'entreprise achetée.

Par une décision du 17 mai 2006, prise sur le fondement de l'article L. 430-4 du code de commerce, le ministre de l'économie a autorisé sans conditions le rachat de la société Delaroche, constituant le pôle Rhône-Alpes du groupe Socpresse et propriétaire des titres de presse *Le Progrès de Lyon*, le *Dauphiné libéré*, le *Journal de Saône-et-Loire* et *Le Bien public*, par la société Est-Bourgogne-Rhône-Alpes (EBRA), constituée à cet effet entre le groupe L'Est républicain, qui possède, outre le titre du même nom, les *Dernières nouvelles d'Alsace*, et le Crédit mutuel, propriétaire lui-même du journal *L'Alsace*, le groupe L'Est républicain et le Crédit mutuel détenant respectivement 51 % et 49 % de la société EBRA.

Le ministre, ayant estimé que l'Est républicain détenait le contrôle exclusif de la société EBRA, a limité son analyse concurrentielle au périmètre constitué par les titres de la société L'Est républicain et de la société Delaroche. Il n'a examiné ni le périmètre constitué par les titres du Crédit mutuel et de la société Delaroche, ni celui constitué par les titres de l'Est républicain et du Crédit mutuel.

La Section du contentieux était saisie de la question de savoir si le régime général du contrôle des concentrations prévu par les articles L. 430-1 et suivants du code de commerce est applicable en matière de presse, alors que la loi n° 86-897 du 1er août 1986 portant réforme du régime juridique de la presse a mis en place un régime spécifique de contrôle dans ce secteur. Dans l'affirmative, la Section avait à déterminer de quelle manière il convient d'apprécier l'existence d'un « contrôle conjoint » de deux sociétés sur une autre dans le cadre d'une opération de concentration.

L'article 11 de la loi du 1er août 1986 modifiée portant réforme du régime juridique de la presse interdit les acquisitions ou prises de contrôle de publications quotidiennes imprimées d'information politique et générale ayant pour effet de permettre à une personne physique ou morale ou à un groupement de personnes physiques ou morales de contrôler directement ou indirectement des publications de cette nature dont la diffusion cumulée excèderait 30 % de la diffusion totale sur le territoire national.

La Section a jugé que ces dispositions, qui ont pour objet de garantir le pluralisme des courants de pensée et d'opinion, qui est l'une des composantes de la liberté de la presse, s'appliquent indépendamment de celles édictées ultérieurement par l'article 53 de l'ordonnance n° 86-1243 du 1er décembre 1986 puis reprises à l'article L. 410-1 du code de commerce, dès lors que celles-ci définissent, afin de préserver les intérêts économiques des consommateurs en prévenant les atteintes à la concurrence, un régime de contrôle des concentrations dont elles précisent qu'il concerne toutes les activités de production, de distribution et de services. La Section en a ainsi déduit que l'opération notifiée entrait dans le champ d'application de l'article L. 430-4 de code de commerce.

Quant à la seconde question, l'article L. 430-1 du code de commerce prévoit notamment qu'une opération de concentration est réalisée lorsqu'une ou plusieurs personnes, détenant déjà le contrôle d'une entreprise au moins ou lorsqu'une ou plusieurs entreprises acquièrent, directement ou indirectement, que ce soit par prise de participation au capital ou achat d'éléments d'actifs, contrat ou tout autre moyen, le contrôle de l'ensemble ou de parties d'une ou plusieurs autres entreprises, et que cette acquisition de contrôle découle des droits, contrats ou autres moyens qui confèrent, seuls ou conjointement et compte tenu des circonstances de fait ou de droit, la possibilité d'exercer une influence déterminante sur l'activité d'une entreprise.

La Section a relevé que l'article 19 des statuts de la société EBRA prévoit que la nomination et la révocation des membres de son comité de direction – lequel, en vertu de l'article 14 de ces statuts, est « investi des pouvoirs les plus étendus pour diriger, gérer et administrer la société » – requièrent de l'assemblée des actionnaires une décision acquise à la majorité des deux tiers et que, dès lors qu'il est propriétaire de 49 % du capital, contre 51 % pour la SA « Le Journal L'Est Républicain », le Crédit mutuel dispose de ce fait, à l'égal de cette dernière, d'un droit de veto sur la nomination et la révocation des cinq membres du comité alors même qu'en application de l'article 13 des statuts, il n'a un pouvoir de proposition que pour deux d'entre eux. Par ailleurs, la Section a relevé que le Crédit mutuel avait financé seul, pour un montant total de 189 millions d'euros, la reprise de la SA Delaroche par la société EBRA, dont le capital ne dépasse pas 38 000 euros et que cette situation de prêteur confortait son pouvoir d'influence sur les décisions stratégiques de cette dernière, d'autant plus qu'il était par ailleurs en mesure, compte tenu des règles de vote prévues en la matière par l'article 19 des statuts de la société, de s'opposer, au sein de l'assemblée des actionnaires, à toute augmentation des fonds propres. Ces éléments, ajoutés à la circonstance que, par une convention de compte courant en date du 22 mai 2006, le Crédit mutuel s'était engagé à ne pas exiger de remboursement de son prêt avant l'expiration d'une période de trois ans, étaient de nature à établir le pouvoir que celui-ci détenait compte tenu, notamment, de l'ampleur des difficultés financières rencontrées par la SA Delaroche et de l'importance du prêt par rapport au chiffre d'affaires annuel de cette dernière.

La Section en a déduit que le ministre avait entaché sa décision d'une erreur de qualification juridique en estimant que l'opération litigieuse conférait à la SA « Le Journal L'Est Républicain » un contrôle exclusif sur la société EBRA et donc sur la SA Delaroche, alors que le Crédit mutuel y exerce aussi une influence déterminante au sens de l'article L. 430-1 du code de commerce.

En conséquence, le Conseil d'État a annulé la décision du ministre, au motif que celui-ci avait commis une erreur de droit, non seulement en omettant d'examiner si l'opération projetée créait entre les titres contrôlés par la SA Delaroche, d'une part, et les journaux contrôlés par le Crédit mutuel, d'autre part, des liens de nature à porter atteinte à la concurrence, mais aussi en omettant d'examiner si elle pouvait être à l'origine de la création ou de l'aggravation d'un risque de coordination tacite entre la SA « Le Journal L'Est républicain » et le Crédit mutuel dans les départements où ils sont en concurrence.

● Arfi

Sect., 22 juin 2007 [n° 272650]

Le juge de l'excès de pouvoir exerce un contrôle entier sur la sanction infligée à un professionnel.

La loi n° 72-1097 du 11 décembre 1972, aujourd'hui codifiée au code de la route, a organisé la profession d'expert en automobile et créé une commission nationale chargée du pouvoir disciplinaire. En vertu de l'article R. 327-5 du code de la route, alors applicable, « en cas de faute ou de manquement par un expert aux conditions d'exercice de son activité, la commission peut prononcer l'une des sanctions suivantes : un avertissement, un blâme, la suspension ou la radiation ». Après avoir engagé une procédure disciplinaire à l'encontre de M. Arfi, la commission nationale lui a infligé la sanction de la radiation par une décision du 3 février 2004, qui a été contestée par l'intéressé devant la juridiction administrative.

Le moyen le plus délicat soulevé par le requérant était tiré de ce que la commission avait commis une erreur manifeste d'appréciation en choisissant la radiation parmi les sanctions à sa disposition.

Le Conseil d'État, qui a très tôt décidé d'exercer un entier contrôle sur les motifs d'une sanction (4 avr. 1914, *Gomel*, n° 55125, p. 487), a longtemps considéré qu'il ne lui appartenait pas d'apprécier le degré de gravité d'une sanction par rapport à la faute commise, qu'il s'agisse d'une sanction infligée à un agent public (16 juil. 1947, *Sieur Bensmaïn Ghalem Ben Hadj*, n° 81245, p. 319), ou d'une sanction professionnelle (5 avr. 1944, *Sieur Guignard*, n° 72300, p. 110). Par la décision *Lebon* (Sect., 9 juin 1978, n° 05911, p. 245), il a toutefois marqué une première évolution en exerçant un contrôle restreint sur le choix de la sanction infligée à un agent public. Mais la jurisprudence a ensuite évolué différemment selon qu'était en litige une sanction infligée à un agent public ou une sanction professionnelle. La première catégorie reste, quant au contrôle de sa gravité, soumis à un contrôle restreint (Sect., 1er fév. 2006, *Touzard*, n° 271676, p. 38). S'agissant de la seconde catégorie, le contrôle est caractérisé par une forte hétérogénéité. Le Conseil d'État a ainsi décidé d'exercer un entier contrôle sur le choix de la sanction infligée par le Conseil des bourses de valeur à un agent d'une société de bourse (Ass., 1er mars 1991, *Le Cun*, n° 112820, p. 70). En revanche, son contrôle sur le choix de la sanction est resté limité à l'erreur manifeste d'appréciation pour un certain nombre d'autres sanctions professionnelles (v., pour les conducteurs de taxis : Ass., 7 juil. 2004, *Ministre de l'intérieur c/ M. Benkerrou*, n° 255136, p. 297 ; ou, pour les experts-automobiles : 27 oct. 2004, *Hoffman*, n° 263987).

La décision *Arfi* a donné l'occasion au Conseil d'État d'harmoniser son contrôle sur le choix de la sanction professionnelle, son commissaire du gouvernement l'invitant à exercer, dans tous les cas où le juge administratif est saisi d'un recours pour excès de pouvoir, un entier contrôle sur l'ensemble des éléments constitutifs d'une sanction, à savoir les motifs mais aussi le dispositif.

Plusieurs arguments plaidaient en faveur de cette orientation. L'approfondissement du contrôle constitue une garantie supplémentaire pour les personnes sanctionnées. En outre, les exigences constitutionnelles qui encadrent le pouvoir de sanction administrative allaient dans le sens d'un tel contrôle. Ainsi, dans sa décision du 17 janvier 1989, le Conseil constitutionnel a admis le principe même des sanctions administratives tout en le subordonnant à l'existence de garanties, dont le respect des principes de proportionnalité des délits et des peines et de nécessité des peines. Les exigences conventionnelles qui découlent de l'article 6 §1 de la convention européenne de sauvegarde des droits de l'homme et des libertés fondamentales, si elles ne s'appliquent pas à la Commission nationale des experts en automobile, organe administratif non juridictionnel, s'appliquent néanmoins aux sanctions professionnelles qui entrent dans le champ matériel de ces stipulations et prescrivent l'existence d'un contrôle de « pleine juridiction ». Enfin, la logique même du contrôle du juge de l'excès de pouvoir pouvait induire l'exercice d'un entier contrôle, dès lors qu'il déplace les frontières entre l'opportunité d'un acte et la légalité de celui-ci : l'équilibre interne de la mesure, à savoir l'adéquation entre la faute et la sanction, constitue ainsi l'une des conditions de sa légalité. Cela revient à transposer aux sanctions la démarche suivie depuis la décision *Benjamin* (19 mai 1933, n° 17413, p. 541) en matière de contrôle des mesures de police, le Conseil d'État vérifiant si une menace de trouble à l'ordre public est susceptible de justifier une mesure de police et si la mesure qui a été prise est, par sa nature et sa gravité, appropriée à l'importance de la menace.

Dans la décision *Arfi*, la Section du contentieux a donc décidé que le juge de l'excès de pouvoir exerce un contrôle normal sur la sanction infligée à un professionnel, en vérifiant que la sanction prononcée n'est pas disproportionnée à la gravité des faits reprochés à ce dernier.

Faisant application de cette règle aux circonstances de l'espèce, à savoir l'infliction à un expert, en application des dispositions de l'article R. 327-15 du code de la route alors en vigueur, de la sanction de la radiation, le Conseil d'État a reconnu que les graves manquements reprochés à l'intéressé étaient de nature à justifier l'une des sanctions prévues par cet article. Il n'en a pas moins relevé que l'intéressé pouvait se prévaloir d'une longue expérience d'expert en automobile sans avoir fait l'objet de la moindre observation dans l'exercice de sa profession. En outre, les manquements commis, relatifs à la présentation de trois rapports d'expertise, concernaient des véhicules dont il n'était pas établi qu'ils avaient présenté des défectuosités dangereuses au moment de leur remise en circulation. Enfin, il ne ressortait pas des pièces du dossier que l'intéressé avait bénéficié d'avantages personnels à raison des opérations d'expertise en cause. La Section du contentieux en a déduit que, dans ces conditions, la commission nationale, qui disposait d'un éventail de sanctions de nature et de portée différentes, notamment la suspension, avait, en faisant le choix de la plus lourde d'entre elles, prononcé une sanction disproportionnée.

COMMUNAUTÉ EUROPÉENNE, UNION EUROPÉENNE

2006

● Société De Groot en Slot Allium BV et autre

Ass., 11 déc. 2006 [n° 234560]

Alors même qu'elle ne fait pas l'objet du renvoi préjudiciel, toute interprétation du traité et des actes communautaires donnée par la Cour de justice des Communautés européennes (CJCE), qui est compétente à cet effet en vertu de l'article 234 du traité instituant la Communauté européenne, s'impose au juge national. Il appartient en revanche à la seule juridiction nationale saisie du principal, éclairée par l'arrêt rendu sur la question préjudicielle, de qualifier les faits, le cas échéant après avoir procédé aux investigations contradictoires qu'elle est à même d'ordonner, en vue de trancher le litige qui lui est soumis.

Un arrêté interministériel du 17 mai 1990 interdit la commercialisation sous le nom d'« échalote » de variétés ne correspondant pas aux caractéristiques strictement définies par ce même arrêté. Des sociétés néerlandaises qui produisent des variétés présentant d'autres caractéristiques ont demandé, sans succès, l'abrogation de ce texte et attaquent le refus qui leur a été opposé en invoquant la méconnaissance de deux normes de droit communautaire.

Par une décision du 4 février 2004, le Conseil d'État avait considéré que la première des deux méconnaissances alléguées était déterminante pour l'issue du litige et qu'elle soulevait une question d'appréciation de la validité d'un acte communautaire justifiant, sur ce seul point, une question préjudicielle à la CJCE en application de l'article 234 (ex-art. 177) du traité.

La Cour a rendu son arrêt le 10 janvier 2006. Après avoir répondu à la question posée, elle a jugé que la solution du litige soumis au Conseil d'État reposait sur la seconde méconnaissance alléguée du droit communautaire et elle s'est prononcée sur ce point, en rappelant les critères fixés par sa jurisprudence. Prolongeant son analyse, la Cour s'est prononcée sur la légalité de l'arrêté attaqué devant le Conseil d'État en jugeant qu'il était contraire au droit communautaire.

Dans sa décision du 11 décembre 2006, l'Assemblée du contentieux du Conseil d'État a jugé que l'appréciation portée par la CJCE sur les normes communautaires devant être appliquées dans le litige s'impose à la juridiction nationale avec l'autorité de chose jugée alors même qu'elle n'entre pas dans les limites de la question posée par le juge du fond, confirmant ainsi expressément l'abandon de la jurisprudence de Section *Office national interprofessionnel des céréales* du 26 juillet 1985 (n° 42204, p. 233).

Le Conseil d'État a cependant jugé que, une fois reconnue l'autorité de chose jugée à la question de droit non posée par l'arrêt de renvoi mais néanmoins tranchée par la Cour, il appartenait au Conseil d'État, saisi du principal, de qualifier les faits en procédant aux investigations nécessaires pour savoir si les variétés litigieuses présentaient des différences suffisamment réduites avec celles répondant aux caractéristiques strictement définies par l'arrêté dont le refus d'abrogation était attaqué, pour qu'elles puissent être reconnues comme appartenant à la catégorie des échalotes.

En l'espèce, l'Assemblée a jugé que l'arrêté litigieux constituait une mesure d'effet équivalent à une restriction quantitative à l'importation, interdite entre les États membres par l'article 28 du traité instituant la Communauté européenne, et qu'à ce titre il était entaché d'illégalité. Elle a donc annulé la décision implicite par laquelle le ministre de l'économie, des finances et de l'industrie et le ministre de l'agriculture et de la pêche avaient refusé d'abroger les dispositions de l'article 1er de l'arrêté du 17 mai 1990.

2007

● Société Arcelor Atlantique et Lorraine et autres

Ass., 8 fév. 2007 [n° 287110]

Saisi d'un recours contre un acte réglementaire de transposition des dispositions précises et inconditionnelles d'une directive

communautaire, par lequel est contestée la constitutionnalité de cet acte, le juge administratif doit rechercher si les règles ou principes constitutionnels dont la méconnaissance est invoquée ont un équivalent dans l'ordre juridique communautaire. Dans l'affirmative, il y a lieu pour le juge de rechercher si la directive que l'acte contesté transpose y est conforme et, en l'absence de difficulté sérieuse, d'écarter le moyen invoqué ou, dans le cas contraire, de saisir la Cour de justice des Communautés européennes d'une question préjudicielle. En revanche, si le droit communautaire ne garantit pas le respect de la règle ou du principe constitutionnel invoqué, il revient au juge administratif d'examiner directement la constitutionnalité des dispositions réglementaires contestées.

Afin de favoriser la réduction des émissions de gaz à effet de serre, dans le cadre du protocole de Kyoto, la directive 2003/87/CE du Parlement européen et du Conseil du 13 octobre 2003 a établi un système d'échange de quotas d'émission de gaz à effet de serre dans la Communauté européenne, pour un certain nombre d'activités dont la liste est fixée à l'annexe I de la directive. L'ordonnance n° 2004-330 du 15 avril 2004 portant création d'un système d'échange de quotas d'émission de gaz à effet de serre a procédé à la transposition en droit interne de celles des dispositions de la directive qui relèvent du domaine de la loi, en introduisant à cette fin au chapitre IX du titre II du livre II du code de l'environnement une section 2, intitulée « Quotas d'émission de gaz à effet de serre ». Un décret en Conseil d'État (n° 2004-832), pris le 19 août 2004 et modifié le 25 février 2005 par le décret n° 2005-189, a fixé les modalités d'application de ces dispositions et transposé presque mot pour mot les dispositions de la directive relevant du domaine réglementaire. La société Arcelor Atlantique et Lorraine et plusieurs de ses filiales françaises ont demandé à l'administration, à titre principal, l'abrogation de l'article 1er du décret du 19 août 2004 en tant qu'il rend applicable ce décret aux installations du secteur sidérurgique. Faute de réponse, les requérants ont déposé une requête devant le Conseil d'État tendant à l'annulation des décisions implicites de rejet qui leur avaient été opposées. Les sociétés requérantes soutenaient notamment que l'article 1er du décret, en tant qu'il soumet au système d'échange de quotas d'émission de gaz à effet de serre les activités de production et de transformation de métaux ferreux, méconnaissait différents principes à valeur constitutionnelle, notamment le principe d'égalité.

L'Assemblée du contentieux a, en premier lieu, reconnu le caractère opérant, à l'encontre d'un acte réglementaire transposant directement les dispositions précises et inconditionnelles d'une directive communautaire, du moyen tiré de la méconnaissance, par cet acte, de principes ou dispositions à valeur constitutionnelle. Après avoir rappelé que les traités internationaux, et notamment les traités communautaires, ont une autorité supérieure à celle des lois, mais inférieure à celle de la Constitution, qui est la norme suprême de l'ordre juridique interne (Ass., 30 oct. 1998, *Sarran, Levacher et autres*, nos 200286 et 200287, p. 368 ; et pour le droit communautaire : 3 déc. 2001, *Syndicat national de l'industrie pharmaceutique*, n° 226514, p. 624), le Conseil d'État a affirmé que cette suprématie devait être conciliée avec les exigences liées à la participation de la France à l'Union européenne et aux Communautés européennes, inscrite dans la Constitution à l'article 88-1, et notamment, selon la jurisprudence récente du Conseil constitutionnel, la transposition des directives communautaires en droit interne. Ces deux principes – suprématie de la Constitution et exigence de transposition des directives – sont susceptibles d'entrer en conflit lorsque la transposition d'une directive, obligatoire en vertu de l'article 88-1 de la Constitution, conduit à l'adoption d'une mesure législative ou réglementaire contraire à une autre règle ou à un autre principe de valeur constitutionnelle. Ce sont les modalités de la conciliation de ces deux exigences que le Conseil d'État a définies, en s'inspirant de la jurisprudence récente du Conseil constitutionnel en matière de contrôle des lois de transposition des directives.

En pareille hypothèse, le juge doit procéder en deux temps. Il doit d'abord rechercher si les principes constitutionnels dont la méconnaissance est invoquée ont un équivalent dans l'ordre juridique communautaire, c'est-à-dire si le droit ou la liberté en cause sont effectivement et efficacement protégés par les traités et principes généraux du droit communautaire. Dans l'affirmative, il y a lieu pour le juge administratif, afin de s'assurer de la constitutionnalité du décret, de rechercher si la directive que ce décret transpose est conforme à cette règle ou à ce principe général du droit communautaire. Il lui revient, en l'absence de difficulté sérieuse, d'écarter le moyen invoqué ou, dans le cas contraire, de saisir la Cour de justice des Communautés européennes d'une question préjudicielle. En revanche, s'il n'existe pas de règle ou de principe général du droit communautaire garantissant l'effectivité du respect de la disposition ou du principe constitutionnel invoqué, il revient au juge administratif d'examiner directement la constitutionnalité des dispositions réglementaires contestées.

En l'espèce, le Conseil d'État a estimé que le principe constitutionnel d'égalité, invoqué par la société requérante, trouvait un équivalent dans le droit communautaire. Or, la conformité de la directive au principe communautaire d'égalité posait la question de savoir si est objectivement justifiée la différence de traitement instituée par la directive du 13 octobre 2003 entre les industries du secteur sidérurgique, incluses dans son champ d'application, et celles du plastique et de l'aluminium, qui en sont exclues, question qui soulève une difficulté sérieuse. Le Conseil d'État a donc, conformément à la méthodologie qu'il s'était lui-même fixée, sursis à statuer sur les conclusions de la requête dirigées contre le refus d'abroger l'article 1er du décret contesté jusqu'à ce que la Cour de justice des Communautés européennes se soit prononcée sur la question préjudicielle de la validité de la directive du 13 octobre 2003 au regard du principe d'égalité en tant qu'elle rend applicable le système d'échange de quotas d'émission de gaz à effet de serre aux installations du secteur sidérurgique, sans y inclure les industries de l'aluminium et du plastique.

Cette décision manifeste de la part du Conseil d'État le souci de tirer toutes les conséquences de la confiance réciproque qui doit présider aux relations entre systèmes nationaux et système communautaire de garantie des droits : lorsqu'une méconnaissance des droits et libertés consacrés par la Constitution française trouve son origine dans un acte de droit communautaire et que ces droits et libertés sont également protégés par les traités communautaires et les principes généraux du droit communautaire, le juge national laisse le juge communautaire en assurer le respect, à l'échelle de l'Union européenne ; lorsque sont en cause des droits et libertés spécifiques à la Constitution française, le juge national en assure lui-même le respect.

2008

● Conseil national des barreaux et autres

Sect., 10 avr. 2008 [n°s 296845 et 296907]

Est opérant, à l'encontre d'un acte réglementaire précisant les conditions d'application de dispositions d'une loi prise pour assurer la transposition d'une directive communautaire, le moyen tiré de la méconnaissance par la directive et par la loi de transposition des stipulations de la convention européenne de sauvegarde des droits de l'homme et des libertés fondamentales. Il appartient alors au juge administratif de rechercher si la directive est compatible avec les droits fondamentaux garantis par ces stipulations et, en l'absence de difficulté sérieuse, d'écarter le moyen invoqué à l'encontre de la directive ou, dans le cas contraire, de saisir la Cour de justice des Communautés européennes d'une question préjudicielle. S'agissant du moyen tiré de l'inconventionnalité de la loi, il revient au juge administratif de s'assurer d'abord que celle-ci procède à une exacte transposition des dispositions de la directive ; si tel est le cas, le moyen ne peut être apprécié que selon la procédure de contrôle de la directive précédemment décrite.

Le Conseil d'État s'est trouvé saisi d'un recours pour excès de pouvoir dirigé contre certaines dispositions du décret n° 2006-736 du 26 juin 2006 modifiant le code monétaire et financier. Était invoquée, au soutien de ce recours, la méconnaissance des articles 6 et 8 de la convention européenne de sauvegarde des droits de l'homme et des libertés fondamentales (CEDH) par deux normes : la directive du Parlement européen et du Conseil 2001/97/CE du 4 décembre 2001, étendant à certaines professions juridiques, et notamment à celle d'avocat, les obligations communautaires relatives à la lutte contre le blanchiment des capitaux (identification des clients et déclaration des transactions suspectes), et la loi n° 2004-130 du 11 février 2004 transposant les dispositions précises et inconditionnelles de cette directive, pour l'application de laquelle était intervenu le décret attaqué.

Le premier pas qu'a franchi la Section du contentieux a été d'estimer que l'ensemble de ces moyens étaient opérants, en vertu d'une mise en œuvre « au carré » du mécanisme de l'exception d'illégalité : non seulement le moyen tiré de l'inconventionnalité de la loi était, naturellement, utilement invocable à l'encontre de son décret d'application, mais en outre les moyens dirigés contre la directive l'étaient également, dès lors que ses dispositions étaient précises et inconditionnelles, et déterminaient ainsi entièrement le contenu de la loi adoptée pour sa transposition. Ce raisonnement est proche de celui qu'avait retenu l'Assemblée du contentieux dans l'affaire *Soc. Arcelor Atlantique et Lorraine* (Ass., 8 fév. 2007, n° 287110, p. 55), dans laquelle elle avait examiné, à l'occasion d'un recours contre un acte réglementaire transposant directement les dispositions précises et inconditionnelles d'une directive, la conformité de cette dernière à un principe général du droit communautaire.

La Section a ensuite, pour examiner le bien-fondé de ces moyens, procédé en deux temps.

S'agissant de la directive, elle a estimé qu'il résultait de l'article 6§2 du traité sur l'Union européenne et de la jurisprudence de la Cour de justice des Communautés européennes (CJCE) que les droits garantis par la CEDH étaient protégés en tant que principes généraux du droit communautaire. Elle en a déduit l'opérance du moyen tiré de la méconnaissance de ces principes par la directive, et a estimé qu'il appartenait au juge administratif soit de l'écarter lui-même en l'absence de difficulté sérieuse, soit de saisir, dans le cas contraire, la CJCE d'une question préjudicielle. Pour définir cette méthode, la Section du contentieux s'est appuyée sur la jurisprudence de cette dernière en tirant toutes les conséquences de la lecture combinée de ses arrêts *Foto-Frost* (CJCE, 22 oct. 1987, *Foto-Frost c/Hauptzollamt Lübeck-Ost*, aff. 314/58), interdisant aux juridictions nationales de déclarer elles-mêmes invalides les actes des institutions communautaires et leur imposant en cas de doute de poser à la CJCE une question préjudicielle, et *Cilfit* (CJCE, 6 oct. 1982, *Srl Cilfit et Lanificio di gavardo Spa c/ Ministère de la santé*, aff. 183/81), dispensant les juridictions nationales d'une telle question préjudicielle lorsque l'application correcte du droit communautaire s'impose avec une évidence telle qu'elle ne laisse place à aucun doute raisonnable sur la manière de résoudre la question posée. Sur le fond, la Section a consacré l'existence d'une articulation particulière entre droit dérivé communautaire et droits garantis par la CEDH, justifiant que l'on s'écarte dans cette hypothèse de la jurisprudence *Commune de Porta* (8 juil. 2002, n° 239366, p. 260), en vertu de laquelle il n'appartient pas au juge administratif de se prononcer sur la validité des stipulations d'un engagement international au regard de celles d'autres engagements internationaux souscrits par la France.

S'agissant de la loi, elle a estimé qu'il convenait de vérifier qu'elle transposait correctement les dispositions précises et inconditionnelles de la directive et que, dans l'affirmative, le moyen tiré de ce qu'elle méconnaîtrait un droit garanti par la CEDH ne pouvait être apprécié que selon la procédure de contrôle de la directive précédemment définie.

En l'espèce, le Conseil d'État a d'abord relevé que la CJCE avait jugé, à l'occasion d'une question préjudicielle posée par la Cour d'arbitrage de Belgique, que la directive ne méconnaissait pas le droit à un procès équitable garanti par l'article 6 de la CEDH (CJCE, 26 juin 2007, *Ordre des barreaux francophones et germanophones et autres c/Conseil des ministres*, aff. C-305/05). La CJCE, privilégiant selon une technique habituelle l'interprétation du texte la plus respectueuse possible des droits fondamentaux protégés par l'ordre juridique communautaire, avait pour ce faire affirmé que la simple faculté offerte aux États membres par la directive de ne pas soumettre les avocats aux exigences de déclaration dans le cadre de leurs activités juridictionnelles devait en réalité s'interpréter comme une obligation.

Le Conseil d'État a ensuite estimé que, bien que la CJCE ne se soit pas prononcée sur ce point, il découlait de son interprétation de la directive que les informations obtenues par un avocat à l'occasion d'une consultation juridique devaient également être regardées comme exclues, sous quelques réserves strictement définies, du champ des exigences de déclaration. Dès lors, le moyen tiré de ce que la directive porterait une atteinte disproportionnée au secret professionnel des avocats dans leur activité de consultation juridique, protégé par l'article 8 de la CEDH, pouvait être écarté sans qu'il soit nécessaire de poser une question préjudicielle à la CJCE.

Le Conseil d'État a enfin jugé que la loi du 11 février 2004 avait correctement transposé la directive et ne méconnaissait dès lors pas les stipulations invoquées de la CEDH. Il a en revanche censuré deux articles du décret attaqué pour avoir méconnu les dispositions de la loi, l'un parce qu'il se bornait à rappeler les dérogations aux obligations de vigilance propres aux procédures juridictionnelles, sans faire de même s'agissant des dérogations propres aux consultations juridiques, l'autre parce qu'il imposait une relation directe entre les avocats et la cellule TRACFIN, destinataire des informations recueillies dans le cadre de la mise en œuvre de ces obligations de vigilance, dans des cas où la loi imposait au contraire une transmission de ces informations par l'intermédiaire du bâtonnier de l'ordre des avocats.

● Comité national des interprofessions des vins à appellations d'origine et autres

Ass., 7 nov. 2008 [n° 282920]

VOIR p. 9.

COMPTABILITÉ PUBLIQUE

2006

● Département du Morbihan et autres

Sect., 27 oct. 2006 [n°s 246931 et autres]

En vertu de l'article 2 de la loi du 31 décembre 1968 relative à la prescription des créances sur l'État, les départements, les communes et les établissements publics, une plainte contre X avec constitution de partie civile interrompt le cours de la prescription quadriennale dès lors qu'elle porte sur le fait générateur, l'existence, le montant ou le paiement d'une créance susceptible d'être mise à la charge d'une collectivité publique.

L'article 2 de la loi n° 68-1250 du 31 décembre 1968 relative à la prescription des créances sur l'État, les départements, les communes et les établissements publics prévoit que la prescription est interrompue par tout recours formé devant une juridiction, relatif au fait générateur, à l'existence, au montant ou au paiement de la créance, quel que soit l'auteur du recours et ce, même si la juridiction saisie est incompétente pour en connaître et si l'administration qui aura finalement la charge du règlement n'est pas partie à l'instance.

Selon une jurisprudence ancienne, le Conseil d'État estime que lorsqu'une plainte n'est pas expressément dirigée contre une collectivité publique, elle ne peut avoir d'incidence sur le délai de prescription (Sect., 24 juin 1977, *Commune de Ferel*, n°s 96584 et 01403, p. 291). Cette solution a longtemps été transposée à la plainte contre X, laquelle, par construction, n'est pas expressément dirigée contre une personne (16 mars 1983, *M. et Mme Gilbin*, n° 27993, inédite au Rec.; 10 oct. 2005, *Époux Haudry*, n° 264588, T. p. 816). Le seul cas dans lequel une plainte contre X avec constitution de partie civile pouvait interrompre le cours de la prescription était celui dans lequel la victime avait également formulé des conclusions tendant à ce que l'établissement hospitalier soit appelé en déclaration de jugement commun (Sect., 26 janv. 1996, *CPAM du Havre*, n° 126644, p. 17).

La décision du 27 octobre 2006 a permis à la Section de renverser sa jurisprudence antérieure sur l'absence d'effet interruptif de la prescription d'une plainte contre X avec constitution de partie civile.

En l'espèce, une victime avait déposé une plainte contre X avec constitution de partie civile afin de rechercher les auteurs des blessures subies lors d'une intervention chirurgicale pratiquée dans un centre hospitalier et d'obtenir réparation de ses préjudices. Alors même que le juge judiciaire n'était pas compétent sur les conclusions indemnitaires dirigées contre l'établissement public hospitalier, le Conseil d'État a estimé que cette plainte devait être regardée comme se rapportant à la créance de la personne intéressée sur cet établissement. De ce fait, elle a interrompu le cours de la prescription quadriennale, en vertu des dispositions de l'article 2 de la loi du 31 décembre 1968 précitées. En conséquence, l'arrêt attaqué de la cour administrative d'appel, qui appliquait la jurisprudence antérieure, a été annulé et les requérants ont obtenu une indemnisation.

Cette décision se rapproche de la jurisprudence de la Cour de cassation, qui admet notamment qu'une citation en justice – cause interruptive de prescription en vertu de l'article 2244 du code civil – ne nécessite pas d'être portée à la connaissance du débiteur dans le délai de prescription pour interrompre ce délai (Cass. com., 28 avr. 1998, n° 95-15.453, Bull. civ. IV, n°142).

CONTRIBUTIONS ET TAXES

2006

● Société Janfin

Sect., 27 sept. 2006 [n° 260050]

Le Conseil d'État a clarifié les pouvoirs dont dispose l'administration pour faire obstacle à une fraude à la loi fiscale, dans et hors du champ de l'article L. 64 du livre des procédures fiscales (LPF), aux termes duquel « ne peuvent être opposés à l'administration des impôts les actes qui dissimulent la portée véritable d'un contrat ou d'une convention à l'aide de clauses : (...) qui déguisent soit une réalisation, soit un transfert de bénéfices ou de revenus (...) ».

Le Conseil d'État juge que l'avoir fiscal n'entre pas dans le champ d'application de l'article L. 64 du LPF. En effet, si l'avoir fiscal est à la fois moyen de paiement de l'impôt et revenu entrant dans la base imposable, ainsi que l'a relevé le Conseil constitutionnel (CC, n° 97-395 DC, 30 déc. 1997), il résulte de la lettre même de l'article L. 64 du LPF que ce texte n'est applicable qu'aux minorations d'assiette et non aux minorations touchant le seul paiement de l'impôt. Par ailleurs, s'applique pour la définition du champ de l'article L. 64 le principe d'interprétation stricte des textes à caractère répressif. La pénalité de 80 % prévue par l'article 1729 du code général des impôts (CGI) est applicable « en cas d'abus de droit au sens de l'article L. 64 du LPF ». Dès lors, le champ de la pénalité coïncide avec celui de l'article L. 64 du LPF (Sect., avis, 31 mars 1995, *SARL Auto-Industrie Méric*, n° 164008, p. 154).

Une fois l'arrêt attaqué devant le Conseil d'État annulé pour erreur de droit sur ce point, le Conseil d'État faisait face à une question inédite en jurisprudence : celle de savoir si l'administration pouvait, hors du champ d'application de l'article L. 64, réprimer sans texte une fraude à la loi fiscale.

Le Conseil d'État apporte une réponse positive à cette question, au nom du principe général de répression de la fraude à la loi reconnu dans l'ensemble des branches du droit public. En effet, dès lors que l'article L. 64 ne couvre pas l'ensemble de la matière fiscale, le législateur ne peut être regardé comme ayant entendu écarter l'application de ce principe général (Ass., 10 mai 1974, *Barre et Honnet*, n°s 85132 et 85149, p. 276).

En reprenant dans la décision *Janfin* la rédaction de l'avis de Section du 9 octobre 1992, *Abihilali* (n° 137342, p. 363), relatif au droit des étrangers, le Conseil d'État montre que l'abus de droit en matière fiscale n'est jamais que l'application dans ce domaine d'un principe plus général, commun à toute la jurisprudence administrative : si un acte de droit privé opposable aux tiers est en principe opposable dans les mêmes conditions à l'administration tant qu'il n'a pas été déclaré nul par le juge judiciaire, il appartient cependant à celle-ci, lorsque se révèle une fraude commise en vue d'obtenir l'application de dispositions de droit public, d'y faire échec même dans le cas où cette fraude revêt la forme d'un acte de droit privé. Ce principe peut conduire l'administration, qui doit exercer ces compétences sans pouvoir renvoyer une question préjudicielle à l'autorité judiciaire, à ne pas tenir compte, dans l'exercice desdites compétences, d'actes de droit privé opposables aux tiers.

Cette solution, qui rappelle d'ailleurs que le Conseil d'État réprimait la fraude à la loi fiscale bien avant toute intervention du législateur (v. par exemple pour la requalification de dépôts d'associés en comptes courants de suppléments d'apports : 12 déc. 1930, p. 1063), souligne également la convergence indéniable de la jurisprudence du Conseil d'État et de la Cour de justice des Communautés européennes en matière d'abus de droit. Formulée par la Cour hors du champ fiscal (CJCE, 14 déc. 2000, aff. C. 110/99, *Emsland-Stärke*, Rec. p. I-11569), l'interdiction de faire un usage abusif des dispositions du droit communautaire est applicable sans texte en matière fiscale (CJCE, 21 févr. 2006, gde ch., *Halifax plc, Leeds Permanent Development Services Ltd, County Wide Property Investments Ltd*, aff. C-255/02).

Les critères de la fraude à la loi fiscale sont les mêmes dans et hors du champ de l'article L. 64 du livre des procédures fiscales. Il faut en premier lieu que les actes litigieux n'aient pu être inspirés par aucun autre motif que celui d'éluder ou d'atténuer les charges fiscales que l'intéressé, s'il n'avait passé ces actes, aurait normalement supportées eu égard à sa situation et ses activités réelles (Ass., avis, 8 avr. 1998, *Société de distribution de chaleur de Meudon et Orléans*, n° 192539, p. 170 ; 18 mai 2005, *Ministre de l'économie, des finances et de l'industrie c/ Sté Sagal*, n° 267087, p. 203). Il faut ensuite que ces actes recherchent le bénéfice d'une application littérale des textes à l'encontre des objectifs poursuivis par leurs auteurs (Plén., 3 fév. 1984, *Mme Bilger Gillet*, n° 38320, p. 34, sol. impl.).

L'administration n'aura pas le choix de la procédure à suivre. Dans le champ de l'article L. 64, elle devra respecter la procédure spéciale. La jurisprudence sur l'abus de droit implicite n'est donc pas modifiée (Plén., 21 juil. 1989, *Ministre du budget c/ Bendjador*, n° 59970, T. p. 572).

Hors de ce champ, elle pourra, en suivant la procédure de droit commun, faire obstacle à une fraude à la loi en matière de crédits d'impôt, de taxe foncière ou de taxes sur les salaires. Si les pénalités d'abus de droit ne seront pas exigibles, on peut penser que les pénalités pour manœuvres frauduleuses le seront dans la plupart des cas, dès lors que la jurisprudence subordonne la qualification de manœuvres frauduleuses à deux conditions : action consciente et personnelle du contribuable, montage créant des apparences de nature à égarer l'administration dans son pouvoir de contrôle.

Le Conseil d'État n'a pu se prononcer sur l'existence d'une fraude à la loi en l'espèce, dès lors qu'il refuse de procéder d'office à une substitution de base légale en matière fiscale (v. Sect., 21 mars 1975, *Ministre des finances c/ Sieur X*, n° 85496, p. 217, et Sect., 1er oct. 1999, *Association pour l'unification du christianisme mondial*, n° 170590, p. 286 ; s'agissant du contentieux non fiscal : Sect., 3 déc. 2003, *Préfet de la Seine-Maritime c/ M. El Bahi*, n° 240267, p. 479). Reste donc sans réponse la question de savoir si l'avoir fiscal, dont on rappellera cependant qu'il a été supprimé par l'article 93 de la loi n° 2003-1311 du 30 décembre 2003 (loi de finances pour 2004), peut être l'instrument d'une fraude à la loi.

2007

● M. Clermont

Sect., 6 avr. 2007 [n° 269402]

Le second alinéa de l'article L. 80 D du livre des procédures fiscales impose à l'administration de renouveler l'envoi au contribuable d'un document comportant la motivation des pénalités mentionnées par ce texte si, pour quelque motif que ce soit, elle modifie, avant leur mise en recouvrement, la base légale, la qualification ou les motifs des pénalités qu'elle se propose d'appliquer. Le document comportant la motivation des pénalités au sens de l'article L. 80 E du même livre s'entend du document que l'administration a l'obligation de faire parvenir au contribuable en application du second alinéa de l'article L. 80 D.

M. Clermont, qui exerçait l'activité de marchand de biens, a fait l'objet d'une vérification de comptabilité à l'issue de laquelle l'administration fiscale a redressé, en suivant la procédure contradictoire, ses déclarations en matière d'impôt sur le revenu et de taxe sur la valeur ajoutée. En outre, elle a assorti ces redressements de la majoration de 40 % exclusive de bonne foi prévue à l'article 1729 du code général des impôts. M. Clermont a contesté les suppléments d'impôt en découlant, devant le tribunal administratif puis la cour administrative d'appel, enfin en cassation devant le Conseil d'État. Il soulevait un moyen délicat tiré de la violation de la procédure d'établissement des pénalités mises à sa charge, qui procède de garanties distinctes de celles de la procédure de redressement contradictoire s'appliquant aux droits en principal.

En l'espèce, M. Clermont avait présenté à l'administration, à la suite de la notification de redressements qui lui avait été adressée, des observations portant à la fois sur les droits en principal et sur l'application des pénalités. L'administration y avait répondu, en confirmant, dans sa réponse aux observations du contribuable, la majoration infligée. Selon le requérant, elle avait cependant, ce faisant, méconnu l'article L. 80 E du livre des procédures fiscales, faute que cette réponse à ses observations comportât le visa d'un inspecteur principal. Dans sa rédaction applicable en l'espèce, cet article dispose que « la décision d'appliquer les majorations prévues à l'article 1729 du code général des impôts, lorsque la mauvaise foi du contribuable est établie ou lorsque le contribuable s'est rendu coupable de manœuvres frauduleuses, est prise par un agent ayant au moins le grade d'inspecteur principal, qui vise à cet effet le document comportant la motivation des pénalités ».

Le moyen soulevé posait donc la question de savoir quels documents doivent être regardés comme « comportant la motivation des pénalités », au sens de ces dispositions. La Section du contentieux du Conseil d'État, pour y répondre, a d'abord rappelé que, selon le second alinéa de l'article L. 80 D du livre des procédures fiscales, l'administration a l'obligation, au moins trente jours avant la mise en recouvrement de pénalités qui ne constituent pas l'accessoire d'une imposition ou sanctionnent une infraction dont la qualification est fondée sur l'appréciation du comportement du contribuable, d'adresser à ce dernier un document comportant la motivation des pénalités envisagées et indiquant qu'il dispose d'un délai de trente jours pour présenter ses observations (v. not. 24 nov. 2003, *Cheng*, n° 241664, p. 462). Il a toutefois apporté une précision inédite : l'administration est tenue de renouveler cette formalité si, pour quelque motif que ce soit, elle modifie, avant leur mise en recouvrement, la base légale, la qualification ou les motifs des pénalités qu'elle se propose d'appliquer au contribuable.

La Section du contentieux a ensuite jugé que le document comportant la motivation des pénalités au sens de l'article L. 80 E du livre des procédures fiscales s'entend du document que l'administration a l'obligation de faire parvenir au contribuable en application du second alinéa de l'article L. 80 D du même livre, d'où il découle que le visa de l'inspecteur principal n'est pas exigé sur un document ultérieur qui se borne à reprendre la motivation des pénalités figurant sur ce document.

Pour appliquer ces règles au cas d'espèce, la Section a constaté que la motivation des pénalités avait été portée dans la notification de redressements, laquelle avait été visée par un agent ayant au moins le grade d'inspecteur principal, et que la réponse aux observations du contribuable s'était bornée à reprendre la motivation figurant sur cette notification. Elle en a déduit que cette réponse, qui n'était pas obligatoire en ce qu'elle portait sur les pénalités, n'avait pas à être visée par un agent ayant au moins ce grade.

● Syndicat national de défense de l'exercice libéral de la médecine à l'hôpital
● Syndicat national de chirurgie plastique reconstructrice et esthétique

Ass., 16 juil. 2007 [n° 293229 et n° 293254]

Le gouvernement peut fixer le montant d'une redevance pour service rendu en tenant compte de la valeur économique de la prestation pour celui qui en bénéficie, c'est-à-dire à un niveau susceptible d'excéder le coût de cette prestation.

Dans sa décision d'Assemblée du 21 novembre 1958, *Syndicat national des transporteurs aériens* (n°s 30693 et 33969, p. 572), le Conseil d'État a entrepris de définir les contours de la notion de redevance pour service rendu, prélèvement dont l'institution relève de la compétence du pouvoir réglementaire alors que les impositions de toutes natures ne peuvent, aux termes de l'article 34 de la Constitution, être établies que par la loi. Il résulte de cette décision que les redevances sont des prélèvements réclamés aux usagers « en vue de couvrir les charges d'un service public déterminé ou les frais d'établissement et d'entretien d'un ouvrage public et qui trouvent leur contrepartie directe dans des prestations fournies par le service ou dans l'utilisation de l'ouvrage ». Un principe d'équivalence entre la somme réclamée et les prestations fournies à l'usager en contrepartie était ainsi dégagé. Il a été strictement interprété par la jurisprudence ultérieure, comme interdisant que le montant de la redevance puisse excéder le coût de la prestation rendue (v. not. Sect., 16 nov. 1962, *Syndicat intercommunal d'électricité de la Nièvre et autres*, n°s 42202 et 44595, p. 612).

Ce principe ne s'appliquait toutefois qu'aux redevances pour service rendu. S'agissant des redevances pour occupation du domaine public, la jurisprudence a très tôt admis qu'elles puissent tenir compte de l'usage fait de la dépendance occupée (12 déc. 1923, *Sieurs Peysson, Mollaret et Bory*, n°s 71547 et 72424, p. 826). Les textes applicables au domaine de l'État ont d'ailleurs repris cette jurisprudence en la systématisant (v., pour une illustration récente, l'article L. 2125-3 du code général de la propriété des personnes publiques).

Les difficultés liées à cette divergence, s'agissant notamment de certaines redevances de caractère mixte, s'apparentant pour partie à des redevances domaniales et pour partie à des redevances pour service rendu, avaient conduit le Conseil d'État, dans l'étude adoptée par son assemblée générale le 24 octobre 2002, intitulée « Redevances pour service rendu et redevances pour occupation du service public », à exprimer le souhait d'un rapprochement entre les deux régimes, afin que le mode de tarification applicable aux redevances pour service rendu puisse prendre en compte la valeur du service pour le bénéficiaire. Esquissant cette orientation, la décision d'Assemblée du 10 juillet 1996 *Société Direct Mail Promotion et autres* (n°s 168702 et autres, p. 277) avait d'ailleurs implicitement admis que le montant de la redevance exigée en contrepartie de la communication à des tiers de données publiques élaborées par l'INSEE en vue de leur commercialisation puisse prendre en considération l'utilité qu'ils étaient susceptibles de retirer de cette prestation et, dès lors, excéder le seul coût du service rendu.

Consacrant explicitement cette évolution, et renouant à ce titre avec l'inspiration de la décision fondatrice du 21 novembre 1958 *Syndicat national des transporteurs aériens*, l'Assemblée du contentieux a décidé, dans sa décision du 16 juillet 2007, d'abandonner le strict plafonnement des redevances par le coût du service rendu : tout en réaffirmant, dans la lignée de sa décision du 21 novembre 1958, qu'une redevance pour service rendu doit essentiellement trouver une contrepartie directe dans la prestation fournie par le service ou, le cas échéant, dans l'utilisation d'un ouvrage public et, par conséquent, correspondre à la valeur de la prestation ou du service, l'Assemblée a précisé que le respect de la règle d'équivalence entre le tarif de la redevance et la valeur de la prestation ou du service peut être assuré non seulement en retenant le prix de revient de ce dernier mais aussi, en fonction des caractéristiques du service, en tenant compte de la valeur économique de la prestation pour son bénéficiaire. Elle a cependant encadré la possibilité ainsi ouverte en rappelant que le tarif doit être établi selon des critères objectifs et rationnels, dans le respect du principe d'égalité entre les usagers du service public et des règles de concurrence.

Le Conseil d'État a fait application de ces principes en statuant sur les requêtes présentées par le Syndicat national de défense de l'exercice libéral de la médecine à l'hôpital et le Syndicat national de chirurgie plastique reconstructrice et esthétique, qui contestaient les dispositions d'un décret du 7 mars 2006. Celui-ci avait introduit dans le code de la santé publique des articles D. 6154-10-1 à D. 6154-10-3 définissant les modalités de calcul des tarifs des redevances dont les praticiens hospitaliers qui souhaitent exercer une activité libérale doivent s'acquitter auprès de l'établissement qui les accueille. Il a écarté le moyen tiré de l'absence d'équivalence entre le coût de la prestation fournie et le montant de la redevance exigée en contrepartie : la valeur du service rendu par l'établissement hospitalier au praticien qui y exerce une activité libérale n'est pas limitée au coût des installations techniques et des locaux ainsi qu'aux salaires des personnels mis à sa disposition mais peut également être appréciée au regard des avantages de toute nature dont il bénéficie, notamment eu égard à la notoriété de l'établissement. Au nom de la méconnaissance du principe d'égalité, l'Assemblée a néanmoins censuré une des dispositions attaquées en tant qu'elle n'avait pas retenu la même assiette de redevance, selon que les actes pratiqués étaient ou non pris en charge par l'assurance maladie.

● Ministre de l'économie, des finances et de l'industrie c/ Mme Mori-Bodin

Sect., 5 oct. 2007 [n° 292388]

Un contribuable qui invoque l'article 7 de la convention fiscale franco-monégasque de 1963, aux termes duquel échappent à l'impôt sur le revenu français les ressortissants français justifiant, à la date du 13 octobre 1962, de cinq ans de résidence continue sur le territoire de la principauté de Monaco, peut prouver cette résidence par tous moyens.

Cette décision de la Section du contentieux, si elle concerne un nombre réduit de contribuables, est intervenue sur une question fiscale sensible, celle du statut des ressortissants français résidant à Monaco.

Les autorités de la principauté ne soumettent à aucune forme d'impôt sur le revenu les personnes physiques qui y résident. Les autorités françaises, de leur côté, ont entendu prévenir la tentation des contribuables français d'y fixer leur résidence à la seule fin d'échapper à l'impôt sur le revenu français.

Dans ce but, et durcissant sur ce point les précédentes conventions fiscales ayant lié la France à Monaco, la convention franco-monégasque du 18 mai 1963 prévoit qu'en règle générale, les résidents de la principauté de nationalité française restent soumis à l'impôt sur le revenu français. Une dérogation est toutefois admise par l'article 7 de la convention, en faveur des Français qui justifient, à la date du 13 octobre 1962, d'une résidence continue de cinq ans au moins sur le territoire de la principauté.

La requérante, résidente française de la principauté, avait fait l'objet en 1992, pour la première fois, d'un assujettissement à l'impôt sur le revenu français, qu'elle avait aussitôt contesté devant le juge de l'impôt en soutenant que, dès lors qu'elle résidait à Monaco depuis 1947, elle entrait dans le champ des stipulations de l'article 7 de la convention fiscale bilatérale de 1963. Elle avait obtenu gain de cause en appel, la cour administrative d'appel jugeant à cette occasion qu'elle était en droit d'apporter par tous moyens la preuve de sa résidence effective à Monaco.

Le ministre de l'économie, des finances et de l'industrie s'était pourvu en cassation en soutenant que cette partie du raisonnement de la cour se trouvait entachée d'erreur de droit. En effet, il faisait valoir que seul un certificat de résidence délivré par l'administration monégasque pouvait permettre, pour l'application de l'article 7 de la convention, de justifier la résidence d'un contribuable dans le ressort de la principauté. Il invoquait à l'appui de son argumentation les stipulations du 3. de l'article 22 de la convention, qui prévoient une révision, par les autorités princières, des certificats de résidence délivrés sur le fondement de la précédente convention fiscale franco-monégasque, qui datait de 1951.

Le Conseil d'État avait déjà eu l'occasion de juger, sous l'empire de la convention fiscale de 1945, que le certificat de résidence était un document nécessaire pour prouver la résidence à Monaco (6 oct. 1969, *Sieur X.*, n° 74169, p. 423), mais cette convention, comme d'ailleurs celle de 1951 qui lui a succédé, réservait expressément une telle valeur probante aux certificats de résidence. Le droit applicable en l'espèce était différent : l'article 7 de la convention de 1963 est muet sur le mode de preuve de la résidence à Monaco ; l'article 22 ne fait aucun renvoi aux stipulations de l'article 7 et figure à la section V de la convention, relative à l'assistance administrative. Après avoir relevé la différence de champ d'application de ces deux articles, dont le ministre l'invitait à faire une lecture combinée, la Section du contentieux, appliquant littéralement l'article 7 de la convention, a confirmé l'interprétation de la cour administrative d'appel.

Après avoir écarté un second moyen critiquant la régularité de l'arrêt attaqué, qui ne présentait pas de difficulté, le Conseil d'État a rejeté le recours du ministre, confirmant ainsi la décharge de l'impôt prononcée par les juges d'appel.

2008

● Me Moyrand

Sect., 14 mars 2008 [n° 290591]

Il résulte de l'article L. 57 du livre des procédures fiscales, qui prévoit que c'est au contribuable que l'administration adresse une notification de redressement, et de l'article L. 641-9 du code de commerce, qui dispose qu'une personne physique exerçant une activité commerciale, artisanale, agricole ou libérale est dessaisie par le jugement prononçant sa mise en liquidation judiciaire de l'administration et de la disposition de ses biens au profit du liquidateur qui représente ses créanciers, que jusqu'à la date à laquelle l'administration est informée de la liquidation judiciaire et au plus tard à la date de publication du jugement au Bulletin officiel des annonces civiles et commerciales, la notification au contribuable interrompt la prescription prévue aux articles L. 169 et suivants du livre des procédures fiscales, en application de l'article L. 189 du même livre, mais que la procédure d'imposition est irrégulière lorsque l'administration, informée de la liquidation judiciaire, ne procède pas à une nouvelle notification au liquidateur.

La question de savoir à qui doit être adressée la notification de redressement (dénommée depuis le 1er juin 2004 « proposition de rectification ») faisant suite à une vérification des revenus du foyer fiscal d'un contribuable, personne physique, exploitant une entreprise individuelle qui fait l'objet d'une liquidation judiciaire, nécessite d'articuler les articles L. 57 du livre des procédures fiscales et L. 641-9 du code de commerce. Le premier prévoit que c'est au contribuable que l'administration adresse une notification de redressement. Le second, issu de dispositions de la loi n° 67-563 du 13 juillet 1967 reprises à l'article 152 de la loi n° 85-98 du 25 janvier 1985 relative au redressement et à la liquidation judiciaires, dispose qu'une personne physique exerçant une activité commerciale, artisanale, agricole ou libérale est dessaisie par le jugement prononçant sa mise en liquidation judiciaire de l'administration et de la disposition de ses biens au profit du liquidateur qui représente ses créanciers.

En l'espèce, à la suite d'une vérification de comptabilité d'une société à responsabilité limitée et du contrôle sur pièces des déclarations de revenus personnelles du couple de gérants, l'administration avait adressé à ces derniers une notification de redressement, postérieurement au jugement du tribunal de commerce qui prononçait la liquidation judiciaire de l'époux à raison de l'activité de son entreprise individuelle de marchand de biens, distincte de la société vérifiée. Le couple, qui avait saisi le juge administratif de conclusions tendant à la décharge de la cotisation supplémentaire d'impôt sur le revenu mise à leur charge à la suite de ces contrôles, contestait notamment la régularité de la procédure d'imposition, au motif que la notification de redressement aurait dû être adressée au liquidateur. L'administration soutenait pour sa part qu'elle avait pu valablement adresser cette notification aux seuls contribuables, au motif que la liquidation judiciaire ne portait que sur l'entreprise individuelle exploitée par le gérant, que les redressements notifiés ne concernaient pas des revenus issus de cette activité et que l'obligation de produire une déclaration de revenus globale, qui échappe aux prévisions de l'article 152 de la loi de 1985, pèse personnellement sur les contribuables (Cass. crim., 11 janv. 1996, *Neveu*, n° 95-80.979, Bull. n° 18).

La Section du contentieux a répondu à cette délicate contestation qui lui était soumise en distinguant, d'une part, la question des effets d'une notification de redressements telle que celle intervenue dans les circonstances de l'espèce sur le cours du délai de reprise ouvert à l'administration par le livre des procédures fiscales pour rectifier les déclarations des contribuables, d'autre part, la question de ses effets sur la régularité de la procédure d'imposition. Sur la première question, elle a admis qu'une telle notification, adressée au contribuable, puisse interrompre ce délai, dès lors que l'administration n'est pas informée de la liquidation ; sur la seconde, elle a exigé, pour que soit respectée la régularité de la procédure d'imposition, une notification au liquidateur. Ainsi, elle a jugé, d'une part, que jusqu'à la date à laquelle l'administration est informée de la liquidation judiciaire et au plus tard à la date de publication du jugement au *Bulletin officiel des annonces civiles et commerciales* (BODAC), la notification au contribuable interrompt la prescription prévue aux articles L. 169 et suivants du livre des procédures fiscales, en application de l'article L. 189 du même livre. D'autre part, que la procédure d'imposition est irrégulière lorsque l'administration ne procède pas à une notification au liquidateur, le contribuable eût-il été mis en liquidation judiciaire, comme en l'espèce, pour une entreprise individuelle distincte de l'activité ayant donné lieu à la notification de redressement. Sur ce second point, la Section a fondé son raisonnement sur le fait que le dessaisissement du débiteur résultant de la liquidation a pour objet de protéger les créanciers et concerne ainsi tous ses biens, même ceux qui ne sont pas affectés à l'activité de son entreprise, selon le principe de l'unité du patrimoine (Cass. com., 27 nov. 1991, *La Fenière*, n° 90-11.122, Bull. IV n° 360) : seuls y échappent les biens déclarés insaisissables. L'administration n'ayant, en l'espèce, adressé aucune notification de redressement au liquidateur, cette irrégularité a entraîné la décharge de l'imposition contestée.

Conciliant d'une part l'impossibilité d'écarter complètement de la procédure de redressement le contribuable, qui reste le redevable de l'impôt (Plén., 18 juin 1984, *Darroussez*, n° 22019, p. 219) et pénalement responsable, le cas échéant, du délit de fraude fiscale (arrêt *Neveu,* préc.), d'autre part la nécessaire protection des intérêts des créanciers, représentés par le liquidateur, cette solution s'inscrit dans une longue lignée de décisions du Conseil d'État et d'arrêts de la Cour de cassation tendant à sauvegarder les droits du contribuable aussi bien que ceux du liquidateur.

ÉLECTIONS

2006

● GISTI

Ass., 31 mai 2006 [n°s 273638 et 273639]

Les étrangers ont le droit de participer en tant qu'électeurs et candidats à des élections non politiques, sous réserve d'élections impliquant l'exercice de prérogatives de puissance publique qui auraient une nature et une ampleur telles qu'elles justifieraient leur exclusion.

Saisie d'un recours contre les dispositions de deux décrets en date du 27 août 2004, ayant réservé aux seuls Français et ressortissants d'États appartenant à la Communauté européenne ou à l'Espace économique européen la qualité d'électeur et de candidat aux élections des membres des chambres des métiers (décrets n°s 2004-896 et 2004-897), l'Assemblée du contentieux s'est inscrite dans le prolongement de la jurisprudence classique relative au principe d'égalité dans un domaine où la question de l'application de ce principe se pose en des termes particuliers.

Traditionnellement, la jurisprudence du Conseil d'État et du Conseil constitutionnel distingue trois hypothèses, rappelées par la décision, dans lesquelles une différence de traitement peut être instituée par voie réglementaire : celle d'une loi impliquant une telle dérogation, celle de motifs d'intérêt général liés au fonctionnement du service public (28 juil., *Association l'Olympique de Marseille*, n°s 106353 et 106664, p. 168) et celle, enfin, d'une différence de situation en rapport avec l'objet de la réglementation (9 fév. 1983, *Esdras et autres*, n°s 47899 et 48354, p. 48).

S'agissant de cette dernière hypothèse, dans certains domaines, comme le droit au séjour et les droits civiques, où la législation a pour objet même de distinguer le citoyen des ressortissants étrangers, le critère de différenciation par la nationalité est pertinent par nature et autorise donc le législateur, comme le pouvoir réglementaire à sa suite, à instituer des différences de traitement justifiées par la différence de situation (CC, 28 juil. 1989, n° 89-261 DC, *Loi relative aux conditions de séjour et d'entrée des étrangers en France*). A l'inverse, l'objet des législations ou réglementations qui reconnaissent des libertés publiques ou des droits économiques et sociaux, n'est pas habituellement regardé comme étant de nature à justifier une distinction des titulaires de ces droits selon leur nationalité (26 juil. 1982, *GISTI*, n°s 22931 et 22934, p. 285).

Au cas d'espèce, l'Assemblée du contentieux a considéré que s'agissant d'élections qui ne sont pas de nature politique, la reconnaissance du droit de vote aux artisans étrangers ne leur conférait pas de droits civiques. En présence de droits pour lesquels le critère de nationalité n'était donc pas pertinent et à défaut de loi ou de considération d'intérêt général impliquant une différence de traitement, le Conseil d'État a donc jugé illégale l'exclusion des étrangers du droit de vote.

L'éligibilité des artisans étrangers posait en revanche la question plus délicate de savoir si l'exercice des prérogatives de puissance publique dont les chambres des métiers et de l'artisanat ont été investies justifiait ou non qu'un lien particulier avec la collectivité nationale soit exigé des élus. Ces prérogatives sont relatives, en premier lieu, à la fixation du produit de la taxe additionnelle à la taxe professionnelle perçue à leur profit, en deuxième lieu, à leur désignation éventuelle comme délégataires du droit de préemption urbain ou du droit de préemption institué dans les zones d'aménagement différé pour la réalisation d'équipements commerciaux ou artisanaux et, enfin, à la participation de leur président à la commission départementale d'équipement commercial. S'écartant de la proposition du commissaire du gouvernement, selon laquelle seul l'exercice d'attributions participant de la souveraineté nationale devait être regardé comme de nature à faire obstacle à l'accès des étrangers à des fonctions publiques ou électives, l'Assemblée du contentieux a préféré, pour annuler les dispositions litigieuses, se fonder sur le critère de la nature et de l'ampleur des prérogatives de puissance publique en cause pour considérer que celles-ci ne pouvaient légalement fonder une différence de traitement entre les artisans, selon leur nationalité, quant à leur éligibilité.

Sous cette réserve, cette décision a confirmé la jurisprudence désormais traditionnelle reconnaissant aux étrangers le droit de participer en tant qu'électeurs et candidats à des élections non politiques comme les élections aux conseils d'administration des établissements de second degré (20 janv. 1975, *Élection des représentants du personnel au conseil d'administration du CES François-Mauriac*, n° 93626, p. 40) ou aux conseils d'administration des centres régionaux des œuvres universitaires et scolaires (12 mai 1978, *Élection des membres des étudiants du conseil d'administration du CROUS de Nancy-Metz*, n° 07407, p. 205), qui s'inscrit désormais dans un contexte législatif d'alignement du statut des étrangers sur celui des nationaux dans ce domaine.

● Mme Dupuis

Sect., 13 déc. 2006 [n° 283134]

Devant le Conseil d'État, le délai abrégé de production du mémoire ampliatif prévu sous peine de désistement d'office en matière électorale ne s'applique pas dans le cas où le Conseil d'État statue non pas comme juge de l'élection mais comme juge de cassation d'une décision juridictionnelle se prononçant en matière électorale.

L'article R. 611-22 du code de justice administrative, applicable au Conseil d'État, prévoit que les requérants qui ont fait connaître dans leur requête introductive d'instance leur intention de déposer un mémoire ampliatif disposent pour ce faire d'un délai récemment ramené à trois mois, contre quatre auparavant (décret n° 2006-964 du 1er août 2006). Faute de production du mémoire annoncé, les requérants sont d'office réputés s'être désistés de leur requête. En vertu de l'article R. 611-23 du même code, ce délai est toutefois ramené à un mois « en matière électorale ».

Mme Dupuis, électrice et candidate malheureuse aux élections des membres de la chambre de commerce et d'industrie de Versailles-Val-d'Oise-Yvelines, contestait en cassation l'arrêt par lequel la cour administrative d'appel avait rejeté sa protestation contre les résultats de ces élections. Constatant que Mme Dupuis n'avait produit le mémoire ampliatif qu'elle avait annoncé qu'au-delà du délai d'un mois, les défendeurs ont demandé au Conseil d'État de faire application des dispositions de l'article R. 611-23 du code de justice administrative et de prendre acte de son désistement.

La Section du contentieux, devant laquelle l'affaire a été renvoyée, avait donc à apprécier si le délai abrégé de l'article R. 611-23 était applicable à l'espèce. Dans sa décision du 13 décembre 2006, elle a apporté une réponse négative.

La décision n'est certes pas fondée sur une distinction entre les élections politiques et les élections administratives qui aurait conduit à réserver aux premières la règle du délai abrégé. La jurisprudence se prononce en effet très largement dans le sens de l'assimilation de ces deux types d'élections et leur applique de nombreuses règles et principes contentieux communs. Il faut certainement y voir l'idée sous-jacente que l'urgence qui s'attache au règlement des conflits électoraux n'est pas propre aux élections politiques.

La solution adoptée se fonde donc sur une autre distinction, tenant à la nature de l'intervention du juge. La décision précise en effet que le délai abrégé ne s'applique que devant le Conseil d'État juge de l'élection (c'est-à-dire statuant en appel dans le contentieux des élections municipales et cantonales et, en premier ressort, pour les autres élections régies par le code électoral et pour l'élection du Parlement européen) et non devant le Conseil d'État juge de cassation d'une décision juridictionnelle statuant en matière électorale. Dans les faits, la solution revient bien à faire un sort à part aux élections administratives dès lors que ce sont les seules, en l'état du droit, dont le Conseil d'État peut avoir à connaître en cassation. Mais son fondement théorique repose sur la distinction entre les offices du juge.

La décision *Mme Dupuis* a le grand mérite de clarifier les règles applicables en la matière et d'adopter pour le délai de production de l'ampliatif la même solution que pour le ministère d'avocat (dispense pour les litiges électoraux à l'exception de ceux venant en cassation devant le Conseil d'État). La solution inverse aurait d'ailleurs eu la conséquence inhabituelle que le délai de recours aurait été plus long que le délai de production de l'ampliatif.

ÉTRANGERS

2006

● GISTI

● M. Ka

Sect., 18 juil. 2006 [n° 274664 et n° 286122]

Si l'article 68 de la loi du 30 décembre 2002, relatif à la « cristallisation » des pensions civiles et militaires servies par l'État aux ressortissants des pays issus de la décolonisation, est compatible avec les stipulations combinées de l'article 14 de la convention européenne de sauvegarde des droits de l'homme et des libertés fondamentales et de l'article 1er du premier protocole additionnel à cette convention, son application rétroactive n'est pas compatible avec le droit à un procès équitable garanti par le premier paragraphe de l'article 6 de la même convention.

Au lendemain de la disparition de l'empire colonial français, le législateur avait décidé de limiter les droits à pension des agents qui, après avoir servi dans l'administration ou dans l'armée française, avaient acquis la nationalité d'un État né de la décolonisation. A ce titre, il avait transformé les pensions publiques de retraite ou d'invalidité servies aux nationaux des pays ou territoires ayant appartenu à l'Union française ou à la Communauté ou ayant été placés sous le protectorat ou sous la tutelle de la France, en des indemnités viagères non réversibles et non indexées sur les traitements d'activité. Par une décision du 30 novembre 2001, *Ministre de la défense c/ Diop* (n° 212179, p. 605), l'Assemblée du contentieux a jugé que cette règle dite de « cristallisation » des pensions publiques, qui introduisait une différence de traitement uniquement fondée sur un critère de nationalité, était incompatible avec les principes de non-discrimination et de sauvegarde du droit de propriété garantis par les stipulations combinées de l'article

14 de la convention européenne de sauvegarde des droits de l'homme et des libertés fondamentales et de l'article 1er du premier protocole additionnel à cette convention.

Entendant tirer les conséquences de cette décision, le législateur est intervenu par l'article 68 de la loi n° 2002-1576 du 30 décembre 2002 portant loi de finances rectificative pour 2002, pour indiquer que les pensions servies aux ressortissants ne possédant pas la nationalité française seraient désormais égales à celles servies aux ressortissants français, sous réserve de l'application d'un coefficient proportionnel au rapport des parités de pouvoir d'achat lorsque, à la date de la liquidation de la pension, le titulaire ne résidait pas en France.

Saisie, en premier lieu, d'un recours pour excès de pouvoir formé par le Groupe d'information et de soutien des immigrés (GISTI) contre le refus du Premier ministre d'abroger le décret pris pour l'application de ces nouvelles dispositions, la Section du contentieux a jugé que l'article 68 de la loi du 30 décembre 2002 était compatible avec les stipulations combinées de l'article 14 de la convention européenne de sauvegarde des droits de l'homme et des libertés fondamentales et de l'article 1er du premier protocole additionnel à cette convention.

Pour ce faire, elle s'est demandée, comme l'exige la jurisprudence de la Cour européenne des droits de l'homme, si l'article 68 de la loi du 30 décembre 2002 poursuivait un objectif d'utilité publique en étant fondé sur des critères objectifs et rationnels en rapport avec l'objet de la loi (CEDH, 23 juil. 1968, *Affaire linguistique belge*, nos 1474/62 et autres). La Section a jugé que tel était le cas. Certes, le requérant faisait valoir que parmi les personnes ne résidant pas en France à la date de la liquidation de leur pension, seules celles ne possédant pas la nationalité française se verraient servir des prestations amoindries par l'application d'un coefficient proportionnel au rapport des parités de pouvoir d'achat. Mais la Section a estimé que la différence de traitement ainsi introduite relevait de la marge d'appréciation que les stipulations invoquées laissaient au législateur national.

Ce raisonnement s'appuie sur la jurisprudence de la Cour européenne des droits de l'homme, qui reconnaît aux États, dans des circonstances qui doivent demeurer exceptionnelles, une marge d'appréciation pour décider si des différences de traitement doivent être regardées comme incompatibles avec la convention (CEDH, 22 oct. 1996, *Stubbings et autres c/ Royaume-Uni*, nos 22083/93 et 22095/93 ; CEDH, 8 juil. 2003, *Sommerfeld c/ Allemagne*, n° 31871/96 ; CEDH, 16 nov. 2004, *Unal Tekeli c/ Turquie*, n° 89865/96). La Section du contentieux a estimé pouvoir en faire application en l'espèce eu égard, d'une part, à la faible portée de la différence de traitement critiquée, et d'autre part, aux inconvénients que présenterait l'ajustement à la baisse des pensions déjà liquidées des ressortissants français.

L'ajustement à la hausse des pensions versées aux personnes ne possédant pas la nationalité française n'était en effet pas envisageable. La Cour européenne des droits de l'homme juge que le principe d'égalité garanti par l'article 14 de la convention interdit de reconnaître des droits identiques à des personnes qui sont placées dans des situations de fait différentes (CEDH, 6 avr. 2000, *Thlimmenos c/ Grèce*, n°34369/97). Il était donc impossible en l'espèce, sous prétexte de vouloir faire disparaître la discrimination à raison de la nationalité entre les personnes résidant à l'étranger, introduite par l'article 68 de la loi du 30 décembre 2002, de reconnaître aux ressortissants des anciennes colonies françaises le droit au bénéfice de pensions publiques qui, ne tenant pas compte du rapport des parités de pouvoir d'achat, auraient été identiques à celles versées aux personnes résidant en France.

Saisie, en second lieu, d'une demande d'avis formulée par le tribunal administratif de Paris dans le cadre d'une instance ouverte par M. Ka, la Section du contentieux a jugé que l'article 68 de la loi du 30 décembre 2002, entré en vigueur de manière rétroactive le 1er janvier 1999, n'était pas compatible avec le droit à un procès équitable garanti par le premier paragraphe de l'article 6 de la convention européenne de sauvegarde des droits de l'homme et des libertés fondamentales. Conformément à une jurisprudence déjà établie (Ass., 27 mai 2005, *Provin*, n° 277975, p. 212), elle a rappelé que le droit que possède le législateur de modifier les règles applicables à des procès en cours est subordonné à l'existence d'impérieux motifs d'intérêt général, avant de constater que de tels motifs faisaient défaut en l'espèce.

2007

● Mme C.

Sect., 9 nov. 2007 [nos 261305 et 261354]

Une mesure d'éloignement dirigée contre le parent d'un enfant mineur à qui a été reconnu le statut d'apatride ne saurait avoir pour effet de priver ce dernier des droits et garanties qui s'attachent à ce statut. Dès lors, en présence de liens familiaux dont la rupture entraînerait une atteinte excessive au droit au respect de la vie familiale, une telle mesure est illégale.

La question soumise à la Section du contentieux portait sur les conséquences à tirer, au regard de l'application de la convention de New York du 28 septembre 1954 relative au statut des apatrides et de l'article 8 de la convention européenne de sauvegarde des droits de l'homme et des libertés fondamentales, de la reconnaissance par l'office de protection des réfugiés et apatrides (OFPRA) de la qualité d'apatride à un enfant mineur dont l'un des parents fait l'objet d'une mesure d'éloignement du territoire.

Régi sur le plan international par la convention de New York et en droit interne par l'ordonnance n° 45-2658 du 2 novembre 1945 modifiée et par la loi n° 52-893 du 25 juillet 1952 relative au droit d'asile, toutes deux codifiées au sein du code de l'entrée et du séjour des étrangers et du droit d'asile, le statut de l'apatride demeure à plusieurs égards moins favorable que celui du réfugié. Il en va ainsi en particulier de la situation de l'apatride au regard du droit au séjour.

Contrairement aux demandeurs d'asile, les étrangers qui sollicitent le statut d'apatride ne bénéficient pas d'un droit au séjour provisoire le temps du traitement de leur demande (v. not. 11 juin 1997, *Préfet de police c/ Stepanian*, n° 182101). Toutefois, la jurisprudence (22 janv. 1997, *Préfet de police c/ Ter Ambartsoumian*, n° 170689, p. 29) et à sa suite le législateur se sont efforcés de conférer une portée utile à l'article 31 de la convention relative au statut des apatrides qui stipule que

« les États contractants n'expulseront un apatride se trouvant régulièrement sur leur territoire que pour des raisons de sûreté nationale ou d'ordre public » : en vertu de la loi n° 97-396 du 24 avril 1997 portant diverses dispositions relatives à l'immigration, qui a modifié l'article 12 *bis* de l'ordonnance du 2 novembre 1945, désormais codifié à l'article L. 313-11 du code de l'entrée et du séjour des étrangers et du droit d'asile, l'étranger qui a obtenu le statut d'apatride, ainsi que, sous certaines conditions, son conjoint et ses enfants mineurs, bénéficient de plein droit de la délivrance d'une carte de séjour temporaire portant la mention « vie privée et familiale », sauf si sa présence constitue une menace pour l'ordre public. En outre, le demandeur de la qualité d'apatride qui fait l'objet d'un arrêté de reconduite à la frontière peut en obtenir l'annulation devant le juge de la reconduite au motif qu'il peut à bon droit se prévaloir de cette qualité (29 déc. 2000, *Préfet de police c/ Sarigul*, n° 216121, p. 667).

La Section du contentieux du Conseil d'État était en l'espèce saisie en appel d'une demande d'annulation d'un arrêté de reconduite à la frontière pris à l'encontre de Mme C., dont la fille mineure s'était vue, postérieurement au jugement du tribunal administratif, reconnaître la qualité d'apatride.

Pour y statuer, la Section a déduit des stipulations de la convention de New York que l'impossibilité pour une personne reconnue apatride de faire l'objet d'une mesure d'éloignement, sauf motifs de sécurité nationale ou d'ordre public, résulte des « obligations de protection » des apatrides imposées par cette convention, de « l'objectif d'intégration » qu'elle définit et du « droit au séjour particulier » reconnu à la personne apatride. Ainsi l'apatride n'est pas seulement un étranger ne pouvant faire l'objet d'une mesure d'éloignement mais une personne qu'il incombe à l'État lui reconnaissant cette qualité de protéger et d'intégrer.

Compte tenu des droits et garanties ainsi attachés au statut d'apatride, d'une part, et des stipulations de l'article 8 de la convention européenne de sauvegarde des droits de l'homme et des libertés fondamentales, d'autre part, la Section du contentieux a été conduite à annuler la mesure de reconduite à la frontière prise à l'encontre de Mme C. Le Conseil d'État a en effet jugé qu'une telle mesure aurait pour effet, soit de priver son enfant mineur vivant auprès d'elle du bénéfice des droits et garanties attachés au statut d'apatride, s'il accompagne sa mère en exécution de la mesure d'éloignement, soit de porter une atteinte disproportionnée au droit au respect de la vie familiale de cette dernière, si l'enfant demeure en France et se trouve par suite séparé d'elle.

Au-delà des précisions qu'elle apporte concernant le statut de l'apatride, la décision du Conseil d'État est remarquable par les conséquences qu'elle déduit de ce statut appliqué au cas particulier d'un enfant mineur. Ainsi, alors que la jurisprudence considère usuellement que la circonstance qu'un mineur ne puisse faire l'objet d'une mesure de reconduite à la frontière ne fait pas obstacle à ce que ses parents fassent eux-mêmes l'objet d'une telle mesure, dès lors qu'aucune circonstance particulière (telle que par exemple une pathologie de l'enfant requérant la poursuite de soins médicaux dispensés en France : 10 nov. 1995, *Préfet de la Gironde c/ Mme Adoui*, n° 162421, T. p. 836) ne met les intéressés dans l'impossibilité d'emmener leur enfant avec eux, ce n'est pas la logique que la Section du contentieux a fait prévaloir en l'espèce. Alors même qu'un mineur ne peut en principe bénéficier d'un droit au séjour autonome et a vocation à suivre ses parents, elle a considéré que les droits et garanties reconnus à l'enfant apatride s'opposaient à ce qu'il puisse être éloigné du territoire français, fût-ce en accompagnement de ses parents.

Par ailleurs, bien que l'arrêté de reconduite à la frontière attaqué ait été pris antérieurement à la décision de l'OFPRA reconnaissant à l'enfant le statut d'apatride, la Section du contentieux a jugé que la requérante était en droit de se prévaloir de cette circonstance à l'appui de son recours pour excès de pouvoir, considérant implicitement que la décision en question revêtait un caractère récognitif et donc rétroactif. Une telle interprétation s'inscrit dans la logique de la convention de New York, qui vise, en conférant une protection de substitution aux personnes exclues de toute protection étatique, à éliminer les situations de vide juridique dans lesquels elles se trouvent. En l'espèce, on pouvait considérer que l'apatridie de l'enfant, qui ne s'était vu reconnaître aucune nationalité, remontait à la date de sa naissance.

2008

● Mme Baomar

Sect., 7 fév. 2008 [n° 267744]
VOIR p. 61

FONCTIONNAIRES ET AGENTS PUBLICS

2006

● M. Touzard

Sect., 1er fév. 2006 [n° 271676]

Si les faits de nature à justifier une sanction disciplinaire infligée à un focntionnaire font l'objet d'un contrôle entier par le juge administratif, celui-ci se limite à vérifier que la sanction prononcée par l'autorité compétente n'est pas manifestement disproportionnée aux faits qui lui sont reprochés.

Le requérant contestait un décret du Président de la République lui infligeant la sanction d'exclusion définitive du service. Alors commissaire de police stagiaire de la police nationale, l'intéressé avait eu des comportements incompatibles avec sa fonction, qui avaient conduit à l'engagement d'une procédure disciplinaire.

La Section du contentieux s'est tout d'abord interrogée sur la compétence du Président de la République pour prendre une telle décision, car le requérant avait été nommé commissaire élève (stagiaire constitue l'échelon suivant) par un arrêté du ministre chargé de l'intérieur. Or, aux termes de l'article 12 du décret n° 94-654 du 7 octobre 1994 portant dispositions communes à l'ensemble des fonctionnaires actifs de la police nationale – et en vertu d'ailleurs d'un principe général valable pour tous les fonctionnaires –, le pouvoir disciplinaire appartient à l'autorité ayant le pouvoir de nomination. Mais la Section a constaté qu'il incombe au Président de la République de nommer les commissaires élèves de la police nationale, en application du décret n° 95-655 du 9 mai 1995 portant statut particulier du corps de conception et de direction de la police nationale (abrogé et remplacé, depuis, par le décret n° 2005-939 du 2 août 2005). Et dès lors que le Président était compétent pour nommer l'intéressé, il l'était pour le sanctionner, sans qu'y fasse obstacle la circonstance que le fonctionnaire avait été nommé par une autorité incompétente.

Statuant ensuite sur la légalité de la sanction infligée au fonctionnaire, la Section a considéré que les faits étaient de nature à justifier une sanction et que le quantum de celle-ci n'était pas manifestement disproportionné. Ce faisant, elle a confirmé sa jurisprudence, qui soumet le choix de la sanction à un contrôle d'erreur manifeste d'appréciation.

La Section a décidé de conserver la double nature du contrôle, entier sur les faits de nature à justifier la sanction mais restreint sur le choix de cette sanction. Elle n'a donc pas étendu le contrôle normal, comme la jurisprudence avait pu le faire dans d'autres domaines, par exemple la police administrative. Il semble qu'elle ait été attachée, d'une part à laisser à l'administration des marges de manœuvre et, d'autre part, à définir la nature des contrôles juridictionnels en fonction des particularités de chaque contentieux. En outre, elle n'a pas estimé qu'un contrôle entier soit rendu nécessaire par la jurisprudence de la Cour européenne des droits de l'homme. Relevons toutefois que la terminologie a été modifiée : est désormais contrôlée l'existence d'une disproportion manifeste, et non d'une erreur manifeste d'appréciation.

● Syndicat CFDT du ministère des affaires étrangères

Ass., 31 mai 2006 [n° 269635]

Lorsque la personne nommée à un emploi supérieur laissé à la décision du Gouvernement a la qualité de fonctionnaire, l'autorité de nomination doit respecter les dispositions statutaires ou réglementaires fixant le cas échéant des conditions particulières d'accès à cet emploi.

L'Assemblée du contentieux a apporté une importante restriction au pouvoir discrétionnaire dont dispose l'exécutif pour nommer les titulaires des postes les plus élevés de la hiérarchie administrative.

L'origine de ce pouvoir remonte très loin dans le temps, mais sa formulation, par le biais de la création de la catégorie juridique des emplois à la décision du Gouvernement (appellation qui s'est substituée à celle d'emplois à la discrétion du Gouvernement), ne remonte qu'à l'adoption du premier statut général des fonctionnaires en 1946.

Le Gouvernement peut nommer à un tel emploi toute personne de son choix, même s'il est généralement admis qu'elle doit être majeure, de nationalité française, et jouir de ses droits civiques. Il peut s'agir d'un non-fonctionnaire, par exception à la règle selon laquelle les emplois publics sont pourvus par voie de concours, la nomination ne créant cependant, dans cette hypothèse, aucun droit à intégration dans l'administration en tant que fonctionnaire. La personne occupant un emploi à la décision du Gouvernement est par ailleurs révocable sans formalités particulières, l'autorité de nomination étant seulement tenue de respecter un intérêt du service que le juge apprécie souplement (Sect., 3 janv. 1936, *Roussel*, n° 35146, p. 3) et, si la mesure est prise en considération de la personne, de permettre à l'intéressé d'accéder à son dossier (Sect., 20 janv. 1956, *Nègre*, n° 33681, p. 24), en vertu du principe général du respect des droits de la défense.

Aujourd'hui, le régime juridique des emplois supérieurs dont la nomination est laissée à la décision du Gouvernement (catégorie qu'il ne faut confondre, ni avec celle des emplois publics pourvus par décret pris en Conseil des ministres, ni même avec celle, encore plus large, des emplois pourvus par décret présidentiel, ces ensembles comprenant à la fois des emplois laissés à la décision du Gouvernement et d'autres pour lesquels l'autorité de nomination est liée par les résultats d'un concours) est décrit, dans ces grandes lignes, à l'article 25 de la loi n° 84-16 du 11 janvier 1984 portant dispositions statutaires relatives à la fonction publique de l'État, qui renvoie au pouvoir réglementaire le soin d'en fixer la liste. Celle-ci figure à l'article 1er du décret n° 85-779 du 24 juillet 1985, qui y range, notamment, l'emploi d'ambassadeur, chef de mission diplomatique.

En l'occurrence, le Conseil d'État était saisi par le syndicat CFDT du ministère des affaires étrangères d'un recours pour excès de pouvoir dirigé contre un décret du Président de la République qui, d'une part, détachait dans le corps des conseillers des affaires étrangères, au grade de conseiller hors classe, un fonctionnaire appartenant au corps des secrétaires des affaires étrangères et, d'autre part, le nommait au poste d'ambassadeur de France en Azerbaïdjan. Le syndicat faisait valoir que le décret ne pouvait légalement détacher l'intéressé dans le corps des conseillers des affaires étrangères, dès lors qu'il violait, ce faisant, les dispositions réglementaires de nature statutaire issues du décret n° 69-222 du 6 mars 1969 relatif au statut particulier des agents diplomatiques et consulaires. Ce point ne faisait guère de doute. Le syndicat prétendait en déduire l'illégalité de la mesure de nomination, en s'appuyant sur d'autres dispositions du même décret, qui réservent les emplois de chef de mission diplomatique aux membres de certains corps parmi lesquels les conseillers des affaires étrangères hors classe, mais précisément pas les secrétaires des affaires étrangères. Ce second point était beaucoup moins évident : se posait en effet la question de savoir si de telles dispositions étaient applicables, s'agissant d'une nomination à un emploi laissé à la décision du Gouvernement. En d'autres termes, devait-on admettre que, lorsque la personne nommée à un tel emploi est un fonctionnaire, la latitude dont est réputée disposer l'autorité de nomination puisse se trouver encadrée par des dispositions statutaires ?

En l'absence d'indications utiles, sur ce point, dans les travaux préparatoires de la loi de 1984, l'Assemblée du contentieux a fait prévaloir des considérations de sécurité juridique et d'égalité entre fonctionnaires. Elle a répondu à la question posée en jugeant que les dispositions de la loi de 1984 et du décret de 1985 relatives aux emplois laissés à la décision du Gouvernement n'avaient pas entendu, dans le cas où les personnes nommées ont la qualité de fonctionnaire, excepter celles-ci de l'application des dispositions statutaires ou réglementaires fixant des conditions particulières d'accès à ces emplois. Tirant les conséquences de cette analyse, l'Assemblée du contentieux a, en l'espèce, prononcé l'annulation du décret attaqué.

● Mme N.

Ass., 11 déc. 2006 [n° 271029]

La déchéance des droits civiques de nature à entraîner la radiation des cadres de la fonction publique par application de l'article 24 de la loi du 13 juillet 1983 ne peut résulter que d'une condamnation prononcée sur le fondement de l'article 131-26 du code pénal, et non d'une privation partielle des droits civiques découlant de l'application de l'article L. 7 du code électoral.

La requérante, agent titulaire d'une commune et affectée à l'entretien d'un musée dont son mari était le régisseur des recettes, a été mise en examen du chef de recel d'escroquerie commise par une personne chargée d'une mission de service public. Le tribunal correctionnel l'a reconnue coupable et l'a condamnée en conséquence à un an de prison avec sursis avec mise à l'épreuve de trois ans. Dans ces conditions, le maire a estimé devoir la radier des cadres, par un arrêté objet du litige.

L'article 5 de la loi n° 83-634 du 13 juillet 1983 portant droits et obligations des fonctionnaires prévoit que nul ne peut avoir la qualité de fonctionnaire, notamment, s'il ne jouit de ses droits civiques. Par ailleurs, avant l'entrée en vigueur du nouveau code pénal, l'article L. 5 du code électoral énumérait diverses condamnations pénales emportant radiation des listes électorales. En application de ces textes, le Conseil d'État jugeait que la radiation des cadres résultait automatiquement de la condamnation du chef de l'une de ces infractions.

La réforme du code pénal, résultant des lois du 22 juillet 1992 (nos 92-683 à 92-686), a eu notamment pour objet de supprimer les peines accessoires automatiques et en particulier la peine de privation des droits civiques, civils et de famille. A cet effet, l'article 132-21 du nouveau code pénal dispose que l'interdiction de tout ou partie des droits civiques, civils et de famille mentionnés à l'article 131-26 ne peut, nonobstant toute disposition contraire, résulter de plein droit d'une condamnation pénale. Cette peine ne peut plus désormais que résulter d'une condamnation par le juge pénal à titre de peine complémentaire. A ce titre, l'article 131-26 du nouveau code pénal, qui énumère les peines complémentaires, dispose que l'interdiction des droits civiques, civils et de famille porte notamment sur le droit de vote et l'éligibilité, et que l'interdiction du droit de vote ou l'inéligibilité prononcées en application de cet article emportent interdiction ou incapacité d'exercer une fonction publique. La loi n° 92-1336 du 16 décembre 1992 relative à l'entrée en vigueur du nouveau code pénal a, en conséquence, abrogé les dispositions de l'article L. 5 du code électoral, qui ne prévoit plus aujourd'hui que la radiation des listes électorales des majeurs sous tutelle.

Postérieurement à l'entrée en vigueur du nouveau code pénal, la loi n° 95-65 du 19 janvier 1995 a introduit dans le code électoral un article L. 7, aux termes duquel ne doivent pas être inscrites sur la liste électorale, pendant un délai de cinq ans, les personnes condamnées pour diverses infractions, comme la concussion, la corruption passive, la prise illégale d'intérêts, la violation des règles de passation des marchés et délégations de service public, la corruption active et le trafic d'influence ou les menaces et actes d'intimidation commis contre les personnes exerçant une fonction publique.

L'Assemblée était ainsi saisie, s'agissant de fonctionnaires, de la portée à donner, au regard de l'article 132-21 du nouveau code pénal, à l'article L. 7 du code électoral, alors que l'article 5 de la loi du 13 juillet 1983 portant droits et obligations des fonctionnaires prévoit que nul ne peut avoir la qualité de fonctionnaire s'il ne jouit de ses droits civiques.

Elle a jugé que si, par les dispositions de l'article L. 7 du code électoral, le législateur avait entendu déroger au principe posé par l'article 132-21 du code pénal selon lequel l'interdiction des droits civiques ne peut résulter de plein droit d'une condamnation pénale, les effets de cette dérogation sont limités à l'application de la loi électorale, et que la déchéance des droits civiques de nature à entraîner la radiation des cadres de la fonction publique par application de l'article 24 de la loi du 13 juillet 1983 ne peut quant à elle résulter que d'une condamnation prononcée sur le fondement de l'article 131-26 du code pénal.

En conséquence, l'Assemblée a jugé qu'en déduisant du seul fait que la condamnation de la requérante impliquait, par application de l'article L. 7 du code électoral, une privation partielle de ses droits civiques, que le maire était tenu de procéder à sa radiation des cadres, alors même que le juge pénal n'avait pas prononcé la peine complémentaire de l'interdiction de ces droits, la cour administrative d'appel dont l'arrêt était attaqué devant le Conseil d'État avait commis une erreur de droit justifiant son annulation. Au fond, la requérante ne pouvant dès lors être regardée comme déchue de ses droits civiques au sens et pour l'application de l'article 24 de la loi du 13 juillet 1983, l'Assemblée a jugé que le maire ne pouvait la radier des cadres qu'à l'issue d'une procédure disciplinaire, conformément à l'article 19 de cette loi. Faute de réunion du conseil de discipline, la radiation des cadres en litige était entachée d'un vice de procédure, et le Conseil d'État a donc confirmé le jugement du tribunal administratif annulant l'arrêté en litige.

2008

● M. Portalis

Sect., 14 mars 2008 [n° 283943]

Les dispositions faisant obligation à l'État, sous réserve de l'exception d'une faute personnelle, de prendre en charge la défense du militaire poursuivi pour des faits survenus à l'occasion de l'exercice de ses

fonctions, font obstacle à ce que l'autorité administrative assortisse la décision accordant le bénéfice de la protection, laquelle est créatrice de droits, d'une condition suspensive ou résolutoire. Par suite, lorsqu'il est saisi d'une demande d'un militaire sollicitant le bénéfice de la protection prévue par ces dispositions statutaires, le ministre de la défense ne peut refuser d'y faire droit qu'en opposant, s'il s'y croit fondé au vu des éléments dont il dispose à la date de la décision, le caractère de faute personnelle des faits à l'origine des poursuites au titre desquelles la protection est demandée. Si l'autorité administrative a accordé la protection, elle peut y mettre fin pour l'avenir si elle constate, postérieurement et sous le contrôle du juge, l'existence d'une faute personnelle, le caractère d'acte individuel créateur de droit de la décision accordant la protection de l'État faisant obstacle à ce que l'autorité administrative puisse légalement retirer la décision, plus de quatre mois après sa signature, hormis dans l'hypothèse où celle-ci aurait été obtenue par fraude.

Les dispositions de l'article 24 de la loi n° 72-662 du 13 juillet 1972 modifiée portant statut général des militaires font obligation à l'État, sous réserve de l'exception d'une faute personnelle, de prendre en charge la défense du militaire poursuivi pour des faits survenus à l'occasion de l'exercice de ses fonctions. Cette protection est un droit pour l'agent s'il n'a commis aucune faute personnelle, son octroi ayant pour effet de mettre à la charge de l'administration les frais liés à sa défense devant la juridiction pénale (28 juin 1999, *Ménage*, n° 195348, T. p. 851). Lorsqu'elle statue sur la demande, l'administration se prononce « au vu des éléments dont elle dispose à la date de sa décision en se fondant, le cas échéant, sur ceux recueillis dans le cadre de la procédure pénale » (12 fév. 2003, *M. Chevalier*, n° 239760). Mais, si l'administration apprend postérieurement, notamment au cours des développements de la procédure pénale engagée, que les faits reprochés à l'agent poursuivi ont bien, en définitive, le caractère d'une faute personnelle, l'administration peut-elle revenir sur sa décision d'octroyer la protection ? Si oui, dans quelles conditions peut-elle y procéder ?

En l'espèce, le requérant, ingénieur principal de l'armement, avait été mis en examen dans le cadre d'une information pour prêt illégal de main d'œuvre, escroquerie et corruption en rapport avec des marchés d'approvisionnement de la direction des constructions navales. A cette occasion, il avait sollicité du ministre de la défense la protection. Le requérant ayant ultérieurement fait l'objet d'une condamnation par le tribunal de grande instance de Marseille pour des faits de corruption passive, le ministre de la défense, estimant que les motifs de ce jugement mettaient en évidence des fautes personnelles, a retiré la protection préalablement accordée et a demandé à l'intéressé de rembourser à l'État les sommes versées à son avocat. L'intéressé a contesté cette dernière décision.

La particularité de l'affaire venait de ce que le ministre avait assorti sa décision initiale octroyant la protection d'une condition résolutoire, c'est-à-dire d'une condition dont le défaut a pour effet de permettre le retrait rétroactif de la décision qui la comporte, indépendamment des règles de droit commun régissant le retrait des actes administratifs. Cette condition n'a pas été jugée légale, la loi faisant obstacle à ce que l'autorité administration assortisse une telle décision d'une condition suspensive ou résolutoire. L'administration doit donc statuer sur la demande de protection en dépit des incertitudes affectant, à la date de sa décision, la matérialité des faits, sans qu'elle puisse se fonder sur ces incertitudes pour refuser d'exercer son pouvoir de décision. Elle peut cependant, par application des règles du droit commun, s'appuyer sur le caractère frauduleux de la demande pour retirer à tout moment la décision octroyant la protection (Sect., 29 nov. 2002, *Assistance publique-Hôpitaux de Marseille*, n° 223027, p. 414).

L'illégalité de la décision de retrait de la protection ne faisait alors plus guère de doute, dès lors qu'il a été jugé par le Conseil d'État que la décision accordant la protection est une décision créatrice de droits (22 janv. 2007, *Ministre des affaires étrangères c/ M.*, n° 285710, T. p. 636-912) qui ne peut, conformément à la jurisprudence *Ternon* (Ass., 26 oct. 2001, n° 197018, p. 497), être retirée, si elle est illégale, que dans le délai de quatre mois à compter de son édiction. Or le délai était largement dépassé.

Si le retrait de la décision accordant la protection n'est pas possible, l'administration peut cependant mettre fin à la protection pour l'avenir, si elle constate postérieurement, sous le contrôle du juge, l'existence d'une faute personnelle. Cela veut dire que, si la décision d'octroi de la protection est une décision unique, elle n'en produit pas moins des effets qui se renouvellent au fur et à mesure des étapes de la procédure, lesquelles peuvent constituer autant d'occasions de réexamen. La Section reconnaît ainsi qu'un changement subjectif, tel que la venue à la connaissance de l'administration de faits jusqu'alors restés dans l'ombre, peut être regardé comme susceptible de justifier légalement qu'il soit mis fin à la protection, alors qu'en principe, le juge administratif a de la légalité d'une décision administrative une conception objective (v., illustrant cette logique : 28 nov. 2007, *Département de la Meurthe-et-Moselle c/ Mme L.*, n° 282307, T. p. 683).

● Mme Baysse

Sect., 18 juil. 2008 [n° 291997]

La seule circonstance qu'un membre d'un jury d'examen connaisse un candidat ne suffit pas à justifier qu'il s'abstienne de participer aux délibérations qui concernent ce candidat.

Si le corps des directeurs d'insertion et de probation de l'administration pénitentiaire est en principe accessible par voie de concours, des examens professionnels exceptionnels ont été ouverts pour accéder aux fonctions de chef des services d'insertion et de probation et à celles de conseillers techniques de service social du ministère de la justice. L'arrêté définissant les modalités d'organisation de ces examens pour la session 2005, qui fixe notamment avec précision la composition du jury, est intervenu le 16 juin 2005. Cette session a toutefois été contestée par l'une des candidates éconduites et, l'affaire posant la question des implications du principe d'impartialité quant à la composition d'un jury d'examen, a été portée devant la Section du contentieux du Conseil d'État.

Celle-ci a jugé que, dans le cadre d'un examen professionnel, la seule circonstance qu'un membre d'un jury connaisse un candidat ne suffit pas à justifier qu'il s'abstienne de participer aux délibérations qui concernent ce candidat. Il incombe au contraire aux membres des jurys d'examen de siéger dans les jurys auxquels ils ont été nommés, sauf à entacher d'irrégularité le déroulement de l'examen, sous la seule réserve de trois hypothèses précisément définies : un membre du jury doit s'abstenir de participer aux interrogations et aux délibérations qui concernent un candidat, soit lorsqu'il a avec celui-ci des liens, tenant à la vie personnelle ou aux activités professionnelles, qui seraient de nature à influer sur son appréciation, soit lorsqu'il a des raisons de penser que son impartialité pourrait être mise en doute, soit lorsqu'il estime, en conscience, ne pas pouvoir y participer avec l'impartialité requise.

Au cas d'espèce, le rapport de la présidente du jury précisait que dans tous les cas où un membre de ce jury connaissait un candidat, il ne l'interrogeait pas, ne le notait pas et ne participait pas aux délibérations. Cette pratique systématique, y compris dans les cas où le respect du principe d'impartialité n'était pas en cause, avait donc conduit le jury à siéger dans des conditions qui méconnaissent les prescriptions relatives à sa composition. La délibération du jury a par suite été annulée en tant qu'elle avait rejeté la candidature de la requérante.

● M. C.

Sect., 31 déc. 2008 [n° 283256]

Sauf s'il présente un caractère fictif ou frauduleux, le contrat de recrutement d'un agent contractuel de droit public crée des droits au profit de celui-ci. Par suite, lorsque le contrat est entaché d'une irrégularité, l'administration est tenue de proposer à l'agent une régularisation de son contrat afin que son exécution puisse se poursuive régulièrement. Si le contrat ne peut être régularisé, il appartient à l'administration, dans la limite des droits résultant du contrat initial, de proposer à l'agent un emploi de niveau équivalent, ou, à défaut d'un tel emploi et si l'intéressé le demande, tout autre emploi, afin de régulariser sa situation. Si l'intéressé refuse la régularisation de son contrat ou si la régularisation de sa situation, dans les conditions précisées ci-dessus, est impossible, l'administration est tenue de le licencier.

Un agent contractuel avait recherché la responsabilité de son ancien employeur, l'OPHLM de la ville de Nice et des Alpes-Maritimes (OPAM), avec lequel il était en conflit, en raison, notamment, de l'illégalité qu'avait commise celui-ci en le forçant à mettre fin avant son terme au contrat par lequel il avait été recruté en tant que directeur de cabinet du directeur de l'OPAM. L'intéressé soutenait qu'il avait subi un préjudice, dès lors qu'il n'avait pu percevoir les traitements correspondants jusqu'au terme normal de son contrat. La cour administrative d'appel avait refusé d'indemniser ce chef de préjudice au motif que le recrutement de l'intéressé à ce poste était irrégulière, puisque la loi le réservait aux fonctionnaires.

La Section du contentieux a dû d'abord expliciter les règles et principes applicables aux relations entre l'administration et les agents contractuels. Elle a tout d'abord jugé que, hors les cas de recrutement fictif ou frauduleux, le contrat de recrutement d'un agent contractuel de droit public crée des droits au profit de celui-ci. Elle a ensuite précisé que lorsque le contrat en cause est entaché d'une irrégularité, l'administration est tenue de proposer à l'agent une régularisation de son contrat afin que celui-ci se poursuive régulièrement, consacrant ainsi le caractère particulier du contrat unissant un agent à l'administration, qui avait déjà conduit le Conseil d'État à juger recevable le recours en excès de pouvoir exercé par un tiers contre un tel contrat (Sect., 30 oct. 1998, *Ville de Lisieux,* n° 149662, p. 385). Dans le cas où le contrat ne peut être régularisé, la Section a indiqué qu'il appartenait à l'administration, dans la limite des droits résultant du contrat initial, de proposer à l'agent un emploi de niveau équivalent ou, à défaut d'un tel emploi et si l'intéressé le demande, tout autre emploi. Si l'intéressé refuse la régularisation de son contrat ou si la régularisation de sa situation, dans les conditions ci-dessus, est impossible, l'administration doit le licencier. La Section a ainsi poussé le principe d'une obligation de régularisation de la situation des contractuels irrégulièrement recrutés, dont la logique avait été déjà posée par la décision *Leplatre* (14 juin 2004, n° 250695, p. 252), jusqu'à une obligation de reclassement en cas de demande en ce sens de l'intéressé.

La Section a ensuite précisé que, saisi par un agent contractuel de droit public du préjudice qu'il estime avoir subi du fait d'une décision de l'administration mettant fin à son contrat, le juge administratif devait apprécier le préjudice effectivement subi par l'agent à la lumière de ces principes. Ainsi, lorsque le contrat de recrutement de l'agent est entaché d'irrégularité, une telle circonstance ne prive pas l'agent de la possibilité de se prévaloir des dispositions qui ont été méconnues et des clauses de son contrat qui ne sont affectées d'aucune irrégularité. En revanche, lorsque l'administration fait valoir qu'il était impossible de régulariser le contrat de recrutement de l'agent, et qu'à la date où il a été mis fin à ce contrat, aucun autre emploi ne pouvait lui être proposé afin de régulariser sa situation, l'agent ne peut prétendre avoir subi aucun préjudice du fait de la décision de mettre fin à son contrat, mais seulement demander le bénéfice des modalités de licenciement qui lui sont applicables.

Faisant application des principes ainsi dégagés au cas d'espèce, la Section a d'abord censuré le raisonnement de la cour administrative d'appel, qui s'était bornée à constater l'irrégularité de la nomination de l'intéressé sur cet emploi, pour en déduire que celui-ci ne pouvait en tout état de cause se prévaloir d'aucun préjudice consécutif à sa démission contrainte. Réglant l'affaire au fond, la Section a constaté que la situation de l'intéressé n'était pas régularisable, et que, dès lors qu'il n'était pas soutenu qu'un emploi de niveau équivalent aurait pu être proposé à l'intéressé et qu'il ressortait de l'instruction que ce dernier avait été recruté dans un autre emploi au sein de l'office, l'OPAM devait être regardé comme ayant satisfait à ses obligations. Pour ces motifs, l'agent n'était donc pas fondé à se prévaloir du préjudice matériel qu'il affirmait avoir subi du fait de la fin de son contrat.

JUSTICE

2006

● Carre-Pierrat

Sect., 10 mars 2006 [n° 272232]

La Section du contentieux valide la procédure d'examen des candidatures aux fonctions de président des tribunaux de grande instance de Nanterre et de Bobigny mise en place dans le silence des textes par la formation du Conseil supérieur de la magistrature (CSM) compétente à l'égard des magistrats du siège, afin d'établir une proposition de nomination au Président de la République.

En vertu de l'article 65 de la Constitution, dans sa rédaction résultant de la loi constitutionnelle n° 93-952 du 27 juillet 1993, la formation du CSM compétente à l'égard des magistrats du siège fait des propositions pour la nomination des magistrats du siège à la Cour de cassation, des premiers présidents de cour d'appel et des présidents de tribunal de grande instance. L'article 15 de la loi organique n° 84-100 du 5 février 1994 précise que cette formation du CSM établit sa proposition au Président de la République « après examen des dossiers des candidats et sur le rapport d'un de ses membres ». Le décret n° 94-199 du 9 mars 1994 pris pour l'application de cette loi ne précise pas les modalités de l'examen par le CSM.

La Section du contentieux était saisie par la voie de l'excès de pouvoir d'un décret du 21 juillet 2004 portant nomination en tant qu'il pourvoit aux fonctions de président des tribunaux de grande instance de Bobigny et de Nanterre. Le requérant était un magistrat, candidat à ces fonctions, qui contestait la procédure suivie devant le CSM.

La jurisprudence traditionnelle du Conseil d'État déduit du principe d'égalité que la procédure de sélection des candidats à un même poste doit être appliquée à chacun dans les mêmes conditions. Ainsi un jury de principalat, normalement censé se fonder uniquement sur la prestation orale des candidats, ne peut consulter leur dossier individuel que s'il procède à cette consultation pour l'ensemble des candidats (Ass., 28 juin 1991, *Desmoulins*, n°s 104589 et 107412, p. 255).

S'agissant du CSM, la Section du contentieux rappelle que le principe d'égalité de traitement des membres d'un même corps implique que le CSM procède, lorsqu'il établit ses propositions de nomination aux fonctions ici en cause, à un examen particulier et approfondi de la valeur professionnelle de chacun des magistrats candidats à ces fonctions. La pratique du CSM consiste à fixer des critères de sélection des candidats adaptés à la nature du poste à pourvoir, puis, après établissement d'une première sélection au vu des dossiers de candidature, à procéder à l'audition de ceux des candidats qu'il a retenus, afin de formuler ses propositions en pleine connaissance de cause.

Cette pratique a été validée par le Conseil d'État, qui a jugé que dans le silence des textes, une telle manière de procéder constitue l'exercice, par cet organe constitutionnel, des pouvoirs qui lui sont dévolus par la Constitution afin de garantir la compétence et l'indépendance des magistrats appelés à présider les juridictions, sans qu'il soit porté atteinte au principe d'égalité.

La procédure suivie par le CSM étant validée dans son principe, le Conseil d'État a vérifié que les critères fixés par le CSM pour les postes en question n'étaient pas entachés d'erreur de droit. Il a jugé que n'était pas critiquable à cet égard l'exigence d'une expérience préalable de chef de juridiction, s'agissant de juridictions aussi importantes que les tribunaux de grande instance de Nanterre et de Bobigny.

Il a également jugé que le CSM, qui s'était livré à l'examen de la valeur professionnelle de chacun des postulants, n'avait pas commis d'erreur manifeste d'appréciation en ne procédant pas à l'audition du requérant dès lors que celui-ci ne justifiait d'aucune expérience de chef de juridiction.

2007

● Syndicat des avocats de France

Sect., 25 juil. 2007 [n° 288720]

Le pouvoir réglementaire dispose d'une marge d'appréciation pour fixer les catégories de personnes susceptibles de bénéficier de la dispense, pour accéder à la profession d'avocat, du certificat d'aptitude à cette profession et de la formation qu'il sanctionne, telle que celle-ci est prévue à l'article 12 de la loi du 31 décembre 1971. En subordonnant le bénéfice de cette dispense, s'agissant des juristes travaillant en cabinets d'avocat, à une durée d'exercice de leur activité appréciée à compter de la date d'obtention d'une maîtrise de droit ou équivalent, alors que pour d'autres juristes d'entreprises, la prise en compte de leur expérience professionnelle n'est pas soumise à une telle condition, le pouvoir réglementaire n'a pas méconnu le principe d'égalité.

L'article 12 de la loi n° 71-1130 du 31 décembre 1971 prévoit que, dans des conditions précisées par voie réglementaire, les personnes justifiant de certains titres ou ayant exercé certaines activités pourront être dispensées, pour exercer la profession d'avocat, de se soumettre à un examen d'accès à un centre régional de formation professionnelle et à la formation théorique et pratique d'une durée d'au moins dix-huit mois sanctionnée par le certificat d'aptitude à la profession d'avocat. L'article 98 du décret n° 91-1197 du 27 novembre 1991 organisant la profession d'avocat énonce les catégories de personnes pouvant bénéficier de cette dérogation, en précisant pour chacune d'entre elles des conditions spécifiques.

En l'espèce, le Conseil d'État était saisi d'une requête dirigée contre l'article 1er du décret n° 2005-1381 du 4 novembre 2005 modifiant ces dispositions, en tant qu'il instituait une condition d'accès à la profession d'avocat particulière pour les juristes salariés de cabinets d'avocats.

Jusqu'à l'intervention de ce décret, les juristes salariés des cabinets d'avocat ne pouvaient, en faisant valoir cette qualité, prétendre bénéficier d'aucune dispense pour accéder à la profession d'avocat, à la différence d'autres professionnels du droit, comme les juristes d'entreprise mentionnés à l'article 98 du décret du 27 novembre 1991. La Cour de cassation (Ch. mixte, 6 fév. 2004, n° 0019107, Bull. n° 1) avait en effet estimé que les juristes des cabinets d'avocats n'étaient pas des juristes d'entreprise au sens de cet article. Le Conseil d'État avait pour sa part (5 mars 2003, *Keller*, n° 240225, p. 110) considéré que le pouvoir réglementaire n'avait pas commis d'erreur manifeste d'appréciation dans le choix des catégories de personnes pouvant bénéficier de cette dispense en n'y incluant pas les juristes des cabinets d'avocats.

Le décret attaqué procédait à une telle inclusion, mais en l'assortissant d'une condition différente de celle prévue en particulier pour les juristes d'entreprise. En effet, si la dispense prévue à l'article 98 du décret du 27 novembre 1991 est notamment subordonnée à l'exercice de l'une ou l'autre des professions qu'il énumère pendant huit ans, cette durée d'activité n'était prise en compte, s'agissant des juristes salariés des cabinets d'avocats, que postérieurement à l'obtention d'une maîtrise de droit ou d'un diplôme ou titre équivalent. C'est la question de la légalité de cette différence de traitement au regard du principe d'égalité qui a justifié l'examen de l'affaire par la Section du contentieux.

Celle-ci, après avoir rappelé les exigences découlant du principe d'égalité (le considérant de principe résumant ces exigences est issu, en dernier lieu, de la décision de Section *Duvignères* du 18 décembre 2002, n° 233618, p. 163), a écarté le moyen tiré de leur méconnaissance. Pour ce faire, elle a relevé, reprenant une rédaction issue de la décision *Keller*, que le législateur avait reconnu au pouvoir réglementaire un pouvoir d'appréciation pour fixer les catégories de personnes susceptibles de bénéficier de la dispense pour l'accès à la profession d'avocat, ainsi que les conditions dont elle est assortie et que le pouvoir réglementaire en avait fait usage en vue de diversifier les modes d'accès à la profession d'avocat.

La Section a ensuite jugé qu'il avait tenu compte des caractéristiques propres aux expériences professionnelles des personnes relevant de ces différentes catégories, sans édicter de mesure manifestement disproportionnée au regard des différences qui existent tant entre leurs expériences qu'entre les possibilités offertes, d'une part, aux juristes salariés d'un cabinet d'avocat par la voie de la promotion professionnelle (c'est-à-dire d'une forme de mobilité « verticale »), d'autre part, aux juristes d'entreprise ou attachés à des organisations syndicales par un changement du cadre d'exercice de leur profession (c'est-à-dire d'une mobilité « horizontale »).

La Section, par cette rédaction, montre qu'elle a procédé à un examen très concret des situations des juristes exerçant, respectivement, en cabinet d'avocat et en entreprise ou auprès de syndicats. Il est probable qu'elle a été sensible à la circonstance que cette seconde catégorie avait fait l'objet d'une définition jurisprudentielle très précise, forgée par la Cour de cassation (par exemple Cass. civ. 1re, 24 juin 2003, n° 0110234), alors que tel n'avait pas été le cas des juristes salariés de cabinets d'avocat. Il est également vraisemblable qu'elle a voulu s'inscrire dans la lignée de la décision *Keller* par laquelle le Conseil d'État, s'il n'a pas tranché le même point, avait déjà beaucoup engagé la solution confirmée en l'espèce par sa Section du contentieux.

● Ministre de la justice c/ M. B.
● M. P. [2 esp.]

Ass., 14 déc. 2007 [n° 290730, n° 290420 et n° 306432]

Pour savoir si une catégorie de décisions de l'administration pénitentiaire est ou non susceptible de recours pour excès de pouvoir, il convient d'apprécier la nature de ces décisions ainsi que l'importance de leurs effets sur la situation des détenus. En application de ce principe, sont susceptibles de recours devant le juge administratif les décisions de changement d'affectation d'un détenu d'un établissement pour peines à une maison d'arrêt, de déclassement d'emploi et de soumission d'un détenu à un régime de « rotations de sécurité ».

Parmi les décisions dont le juge administratif estime qu'elles ne sont pas susceptibles de recours figurent les mesures d'ordre intérieur. Pour déterminer s'il est en présence d'une telle mesure ou, au contraire, si la décision administrative contestée devant lui est susceptible de faire l'objet d'un recours, le juge doit examiner la nature de cette décision et ses effets, tant juridiques que matériels, sur la situation de la personne qui en est l'objet (Ass., 17 fév. 1995, *M. M.*, n° 97754, p. 83). Ces deux critères sont alternatifs et non cumulatifs (30 juil. 2003, *Garde des sceaux, ministre de la justice c/ R.*, n° 252712, p. 366).

Après avoir réaffirmé cette grille d'analyse, l'Assemblée du contentieux du Conseil d'État, faisant application de ces critères, a, dans une première affaire (*Garde des sceaux, ministre de la justice c/ M. B.*), estimé qu'une décision de changement d'affectation d'un détenu d'un établissement pour peines à une maison d'arrêt constituait un acte administratif susceptible de faire l'objet d'un recours pour excès de pouvoir, compte tenu des différences substantielles qui distinguent ces deux régimes de détention. Le régime de la détention en établissement pour peines se caractérise en effet par des modalités d'incarcération spécifiques, avec, en particulier, un isolement de nuit seulement et l'organisation d'activités orientées vers la réinsertion ultérieure des personnes concernées et la préparation de leur élargissement. Le régime appliqué dans les maisons d'arrêt est en revanche celui de l'emprisonnement individuel de jour et de nuit. Ces différences qui, en cas de changement d'affectation d'un établissement pour peines à une maison d'arrêt, entraînent incontestablement un durcissement des conditions de détention, justifient que les décisions de l'administration pénitentiaire qui y procèdent puissent être soumises au contrôle du juge administratif. En revanche, l'application de ces mêmes critères a conduit l'Assemblée à estimer que des décisions d'affectation consécutives à une condamnation, des décisions de changement d'affectation d'une maison d'arrêt à un établissement pour peines ou encore des décisions de changement d'affectation entre établissements de même nature ne sont pas, quant à elles, sauf si elles mettent en cause des libertés et des droits fondamentaux, susceptibles d'être soumises au juge administratif. En l'espèce, le Conseil d'État, statuant comme juge de cassation, a confirmé, après avoir procédé à une substitution de motifs, le dispositif de l'arrêt de la cour administrative d'appel de Paris qui avait jugé que la décision de changement d'affectation prise par l'administration pénitentiaire était illégale.

L'Assemblée du contentieux a également fait application des critères ainsi dégagés dans une deuxième affaire (*M. P.*) où était contestée une décision de déclassement d'emploi, décision par laquelle l'administration pénitentiaire avait privé un détenu de l'emploi qu'il exerçait au sein de l'établissement dans lequel il était incarcéré. L'Assemblée a relevé que le travail que les détenus peuvent exercer dans les établissements pénitentiaires constitue pour eux non seulement une source de revenus mais encore un mode de meilleure insertion dans la vie collective de l'établissement et une possibilité de faire valoir, le cas échéant, leurs capacités de réinsertion. Dès lors, la nature et l'importance des effets sur la situation du détenu d'une décision de déclassement d'emploi justifient que celle-ci puisse être soumise à la censure du juge administratif. En revanche, l'Assemblée a considéré que des refus opposés à une demande d'emploi ou encore des décisions de classement, décisions par lesquelles l'administration pénitentiaire affecte un emploi à un détenu, ne sauraient, sauf si sont en cause des libertés et des droits fondamentaux des détenus, faire l'objet d'un recours pour excès de pouvoir. En l'espèce, le Conseil d'État, également saisi par la voie de la cassation, a annulé l'arrêt de la cour administrative d'appel de Nantes ainsi que le jugement du tribunal administratif de Nantes et rejeté la demande présentée par l'intéressé, tendant à l'annulation de la décision de déclassement d'emploi dont il avait fait l'objet.

Dans une troisième affaire, l'Assemblée a étendu le contrôle du juge à la décision par laquelle le garde des sceaux, ministre de la justice, avait décidé de soumettre un détenu à un régime spécifique de « rotations de sécurité ». Ce détenu, M. P., condamné à plusieurs reprises et auteur de multiples évasions ou tentatives d'évasion, avait été, de ce fait, considéré comme particulièrement dangereux et soumis à un tel régime, consistant en un changement d'affectation systématique, à un rythme bimensuel, de maison d'arrêt en maison d'arrêt. Découvrant que ce régime avait été institué par une note de service du garde des sceaux en date du 20 octobre 2003, il a saisi le juge des référés du tribunal administratif de Paris, sur le fondement de l'article L. 521-1 du code de justice administrative, d'une demande tendant à la suspension de son exécution. Celui-ci a rejeté la demande, au motif qu'il n'existait aucune décision soumettant l'intéressé à ce régime, mais seulement une succession de décisions de changement d'affectation résultant d'un examen au cas par cas. Saisi en cassation de l'ordonnance du juge des référés, le Conseil d'État a tout d'abord rejeté les conclusions à fin de non-lieu à statuer présentées par le garde des sceaux suite à l'évasion du requérant en cours d'instance, après avoir relevé que l'application du régime de « rotation de sécurité » à M. P. – d'ailleurs repris – conservait ses effets, en l'absence de retrait par l'administration. Mais l'Assemblée du contentieux a surtout jugé que, s'il n'existait effectivement aucune décision formalisée de soumettre M. P. à des « rotations de sécurité », l'existence de la note du 20 octobre 2003 qui instituait de telles « rotations » afin « de perturber les auteurs des tentatives d'évasions et leurs complices dans la préparation et la réalisation de leurs projets », d'une note du ministère au procureur de Montpellier faisant état du transfert de M. P. « dans le cadre des rotations de sécurité », ainsi que les 23 changements d'affectation dont avait fait l'objet l'intéressé en quatre ans, révélaient qu'une décision soumettant M. P. à des rotations de sécurité avait bien été prise. L'Assemblée a jugé qu'une telle décision, qui institue un régime de détention spécifique, ne constitue pas une mesure d'ordre intérieur mais est susceptible de recours pour excès de pouvoir. Statuant, après annulation de l'ordonnance attaquée, comme juge des référés, le Conseil d'État ne s'est cependant pas prononcé sur la légalité de cette décision, dès lors qu'il a estimé que la condition d'urgence posée par l'article L. 521-1 du code de justice administrative ne pouvait être regardée comme remplie. Etablissant une balance entre les intérêts publics invoqués et l'intérêt dont se prévalait le requérant, il a en effet estimé que, si la décision contestée portait atteinte à ses conditions de détention, elle répondait, eu égard à ses tentatives d'évasion répétées, à sa catégorie pénale et à sa dangerosité, à des exigences de sécurité publique.

Par ces trois décisions rendues par sa formation contentieuse la plus solennelle, le Conseil d'État a manifesté sa volonté de parvenir à un équilibre entre l'exercice par les détenus de leurs droits et les contraintes de l'administration pénitentiaire qui tienne un plus grand compte des premiers.

2008

● Section française de l'Observatoire international des prisons

Sect., 31 oct. 2008 [n° 293785]

En vertu des articles 3-1 et 37 de la convention relative aux droits de l'enfant, un régime d'isolement pénitentiaire, compte tenu des fortes contraintes qu'il comporte, ne peut être rendu applicable aux mineurs sans modalités d'adaptation à leur situation particulière. Par ailleurs, compte tenu des exigences fixées par l'article 13 de la convention européenne de sauvegarde des droits de l'homme et des libertés fondamentales, et eu égard aux effets qui s'attachent aux conditions de détention d'un détenu placé à l'isolement, celui-ci doit pouvoir exercer un recours effectif à l'encontre d'une telle décision.

Le décret n° 2006-338 du 21 mars 2006 relatif à l'isolement des détenus a modifié le code de procédure pénale afin de définir les régimes de l'isolement administratif et de l'isolement judiciaire. Contestant les dispositions relatives à chacun de ces régimes, la section française de l'Observatoire international des prisons a attaqué le décret devant le Conseil d'État.

S'agissant de la mesure de mise à l'isolement prise à l'initiative de l'autorité administrative ou, le cas échéant, sur la demande du détenu, qui relève du régime dit de « l'isolement administratif », elle consiste à placer le détenu qui en fait l'objet seul en cellule. Sa participation aux promenades et aux activités collectives, y compris de formation et de travail, est en principe prohibée. Seuls sont garantis ses droits à l'information, aux visites, à la correspondance et à l'exercice d'un culte.

Une des premières questions posées à la Section du contentieux consistait à savoir si la définition de ce régime relevait ou non de la compétence du pouvoir réglementaire. Après avoir rappelé que les dispositions législatives de l'article 728 du code de procédure pénale prévoient l'intervention d'un décret pour déterminer « l'organisation et le régime intérieur des établissements pénitentiaires », la Section a estimé que le régime de l'isolement administratif relevait de l'organisation et du régime intérieur des établissements pénitentiaires. Ainsi, le Premier ministre tenait des dispositions de cet article 728 du code de procédure pénale compétence pour arrêter les dispositions contestées relatives à la mesure administrative de mise à l'isolement.

Une deuxième question portait sur la possibilité d'inclure les mineurs dans le champ d'application de la mise à l'isolement administratif, au regard des stipulations des articles 3-1 et 37 de la convention de New York relative aux droits de l'enfant, qui imposent aux États parties à la convention, d'une part, de faire de l'intérêt supérieur de l'enfant une considération primordiale dans toutes les décisions, notamment administratives, qui concernent les enfants et, d'autre part, de veiller à ce que tout enfant privé de liberté soit traité avec humanité et avec le respect dû à la dignité de la personne humaine et d'une manière tenant compte des besoins des personnes de son âge. Le Conseil d'État avait déjà pu juger que ces stipulations étaient d'effet direct (pour l'article 3-1 par ex., v. 22 sept. 1997, *Mlle Cinar*, n° 161364, p. 319). La Section a estimé sur ce point qu'en vertu de ces deux articles, un régime d'isolement, compte tenu des fortes contraintes qu'il comporte, ne peut être rendu applicable aux mineurs sans que des modalités spécifiques soient édictées pour adapter, en fonction de l'âge, le régime de détention, sa durée, les conditions de sa prolongation, et notamment le moment où interviennent les avis médicaux. Or, le décret attaqué ne prévoyait aucune de ces modalités spécifiques d'exécution des mesures d'isolement prenant en compte le critère de l'âge. Pour cette raison, les dispositions relatives à la mesure administrative de mise à l'isolement ont été annulées en tant qu'elles étaient applicables aux mineurs.

S'agissant de la mesure d'isolement judiciaire, créée par le décret attaqué, celui-ci prévoyait qu'elle était ordonnée par le magistrat saisi du dossier de l'information judiciaire, au titre des ordres donnés par l'autorité judiciaire dans le cadre de la détention, et consistait à placer le prévenu concerné dans les conditions d'incarcération prévues par le régime d'isolement administratif.

En ce qui concerne les conditions dans lesquelles le magistrat était susceptible de prononcer, prolonger et mettre fin à la mesure, la Section du contentieux a été amenée, en l'absence de dispositions législatives susceptibles d'être interprétées, comme dans le cas du régime d'isolement administratif, comme habilitant le Gouvernement à intervenir par voie réglementaire pour définir un régime complet de mise à l'isolement, à se prononcer sur la question de savoir si un tel régime relevait ou non du domaine de la loi au titre de la détermination des peines et de la procédure pénale. Compte tenu de leur lien avec la procédure d'instruction pénale, elle a jugé que les dispositions du décret attaqué relatives à la prescription de la mesure d'isolement dite judiciaire définissaient des règles concernant la procédure pénale et, par voie de conséquence, qu'en édictant ces dispositions, le pouvoir réglementaire avait empiété sur le domaine réservé à la loi par l'article 34 de la Constitution. Elle a, par suite, annulé les dispositions en cause.

En ce qui concerne la teneur même de la mesure judiciaire de mise à l'isolement, pour laquelle le décret attaqué renvoyait au régime de la mise à l'isolement administrative, la compétence du pouvoir réglementaire pouvait être admise au titre de l'application de l'article 715 du code de procédure pénale, relatif aux ordres judiciaires pris, notamment, pour l'instruction et qui doivent être exécutés dans les maisons d'arrêt. Mais la Section devait aussi examiner un moyen tiré de la méconnaissance du droit à un recours effectif, tel qu'il est prévu par l'article 13 de la convention européenne de sauvegarde des droits de l'homme. Elle a jugé que, compte tenu des exigences fixées par ces stipulations, et eu égard aux effets qui s'attachent aux conditions de détention d'un détenu placé à l'isolement, celui-ci doit pouvoir exercer un recours effectif à l'encontre d'une telle décision. Dès lors, si le pouvoir réglementaire était compétent pour prévoir la teneur de la mesure d'isolement judiciaire, il ne pouvait en prévoir l'application tant que le législateur n'était pas intervenu préalablement pour organiser, dans son champ de compétence relatif à la procédure pénale, une voie de recours effectif, conformément aux stipulations de l'article 13 (étant précisé que les décisions non détachables d'une procédure judiciaire ne sont pas contestables devant le juge administratif). Par suite, en l'absence de la possibilité d'exercer un tel recours, les dispositions du décret attaqué qui soumettaient le détenu au régime de l'isolement sur ordre du magistrat saisi du dossier de l'information ont été annulées, le pouvoir réglementaire ne pouvant légalement les édicter.

LIBERTÉS PUBLIQUES

2006

● Rolin et Boisvert

Ass., 24 mars 2006 [n°s 286834 et 287218]

Compte tenu des caractéristiques propres au régime de l'état d'urgence défini par la loi du 3 avril 1955, la légalité des dispositions du décret déclarant l'état d'urgence n'est plus susceptible d'être discutée par la voie contentieuse dès lors que le législateur est intervenu pour proroger l'état d'urgence au-delà du délai initial de douze jours. Quant au décret portant application de l'état d'urgence, le juge exerce un contrôle de l'adéquation des mesures prévues aux troubles à l'ordre public observés.

Par sa décision *Rolin et Boisvert* du 24 mars 2006, l'Assemblée du contentieux s'est prononcée sur les recours dirigés contre les deux décrets du 8 novembre 2005 déclarant et portant application de l'état d'urgence sur le territoire national (n°s 2005-1386 et 2005-1387) afin de répondre aux violences urbaines constatées depuis le 27 octobre 2005 dans plusieurs centaines de communes.

Instauré dans le contexte de la crise algérienne, le régime de l'état d'urgence est défini par la loi n° 55-385 du 3 avril 1955, qui permet de déclarer l'état d'urgence en cas de péril imminent résultant d'atteintes graves à l'ordre public ou en cas d'événements présentant, par leur nature et leur gravité, le caractère de calamité publique. L'état d'urgence est déclaré par un décret en Conseil des ministres qui détermine les circonscriptions territoriales dans lesquelles il entre en vigueur. Ce décret emporte de plein droit l'application d'une première série de mesures, dont notamment le pouvoir du préfet d'interdire la circulation des personnes ou des véhicules ou d'instituer des zones de protection ou de sécurité où le séjour des personnes est réglementé. Au-delà de douze jours, la prorogation de l'état d'urgence ne peut être autorisée que par la loi.

La loi du 3 avril 1955 prévoit également qu'un décret simple détermine, au sein des circonscriptions où l'état d'urgence est déclaré, les zones dans lesquelles il recevra application. Ce décret emporte application, dans ces zones, de « mesures complémentaires » plus rigoureuses : possibilité de prononcer des assignations à résidence ou de fermer des lieux de réunion. Dans ces mêmes zones, peuvent s'appliquer, si le décret déclarant l'état d'urgence l'a expressément prévu, deux autres mesures mentionnées par l'article 11 de la loi : la possibilité pour les autorités administratives d'ordonner des perquisitions de jour comme de nuit (1°), mais aussi de prendre toutes les mesures nécessaires au contrôle des moyens de communication (2°).

L'état d'urgence a été déclaré sur l'ensemble du territoire métropolitain par le décret n°2005-1386 du 8 novembre 2005, qui a prévu expressément l'application du 1° de l'article 11 permettant aux autorités administratives d'ordonner des perquisitions de jour comme de nuit. Le décret n° 2005-1387 (même jour) a permis la mise en œuvre des mesures renforcées dans des zones limitativement énumérées. Les troubles n'ayant pas cessé dans le délai de douze jours, le législateur, par une loi n° 2005-1425 du 18 novembre 2005, a prorogé l'état d'urgence pour une durée de trois mois à compter du 21 novembre 2005, dans les mêmes conditions. Un décret n° 2006-2 du 3 janvier 2006 a mis un terme au régime de l'état d'urgence, comme la loi du 18 novembre 2005 l'y autorisait.

La décision de l'Assemblée du contentieux met un point final à un contentieux nourri, notamment devant le juge des référés, et répond successivement à trois questions.

Tout d'abord, en reconnaissant sa compétence pour statuer sur la légalité des deux décrets, l'Assemblée du contentieux a jugé implicitement mais nécessairement que ceux-ci n'étaient pas des actes de gouvernement, dès lors que l'intervention du Parlement appelé à décider de la prorogation de ce régime d'exception n'était pas certaine au moment de l'édiction du décret (v., *a contrario*, Ass., 27 juin 1958, *Sieurs Georger et Teivassigamany*, n°s 35160 et 35191, p. 403). La décision de déclarer l'état d'urgence se distingue en cela, par sa nature, de celle de mettre en œuvre l'article 16 de la Constitution, dont le Conseil d'État se refuse à connaître depuis sa décision d'Assemblée du 2 mars 1962, *Rubin de Servens* (p. 143).

La Haute Assemblée, se demandant ensuite si le litige conservait son objet, a estimé que, compte tenu des caractéristiques propres au régime de l'état d'urgence, sa prorogation par la loi du 18 novembre 2005 avait ratifié la décision prise par le décret déclarant l'état d'urgence. Elle en a déduit que la légalité des dispositions de ce décret, contrairement à celles du décret portant application de l'état d'urgence, n'était plus susceptible d'être discutée par la voie contentieuse après l'intervention du législateur.

L'Assemblée a enfin examiné la légalité du décret portant application de l'état d'urgence. Pour ce faire, elle a exercé un contrôle renforcé, à savoir le contrôle de l'adéquation des mesures prévues au regard des troubles à l'ordre public constatés, initié par l'arrêt *Benjamin* du 19 mai 1933 (n° 17413, p. 541). C'est dans ce cadre qu'elle a regardé la loi du 3 avril 1955 comme compatible avec les stipulations de la convention européenne de sauvegarde des droits de l'homme et des libertés fondamentales, et notamment avec celles de son article 15 autorisant en cas d'urgence des dérogations limitées à la convention.

● M. S.

Sect., 24 avr. 2006 [n° 275216]

Saisie d'une demande de vérification et d'effacement d'un signalement au système d'information Schengen opéré par un État partie autre que la France, la Commission nationale informatique et libertés, lorsqu'elle saisit l'autorité de contrôle de l'État signalant, est tenue de procéder à l'examen de ce signalement en étroite coordination avec celle-ci. Elle doit par suite demander les informations lui permettant de procéder à ce contrôle et, en cas de désaccord, saisir l'autorité de contrôle commune mentionnée aux articles 106 et 114 de la convention d'application de l'accord de Schengen.

Le Conseil d'État s'est, pour la première fois, prononcé sur les modalités de contrôle par une autorité nationale d'un signalement opéré au sein du système d'information Schengen par les autorités d'un autre État partie à la convention.

M. S., ressortissant français d'origine tunisienne, a appris, lors de voyages, qu'il faisait l'objet d'un signalement au fichier « Système d'information Schengen ». Il a alors saisi la Commission nationale informatique et libertés d'une demande tendant d'une part, à l'accès au fichier et d'autre part, à l'effacement ou à la rectification de celui-ci. La CNIL a répondu à l'intéressé que les vérifications demandées avaient été effectuées et que la procédure était terminée. M. S. a demandé l'annulation de cette décision.

L'instruction a révélé deux signalements : l'un effectué par les autorités françaises aux fins de non-admission, l'autre par les autorités allemandes. Le Conseil d'État a relevé qu'il n'y avait lieu de statuer ni sur la demande d'accès, la capture d'écran du fichier Schengen ayant été communiquée dans le cadre de l'instruction (v. la décision du 2 juin 2003, *Moon*, n°s 194295 et 219587, T. p. 806 et 954), ni sur la demande de rectification du signalement opéré par les autorités françaises, celui-ci ayant été supprimé au cours de l'instance.

Demeurait en revanche la contestation de la décision de la CNIL de clore la vérification du signalement de l'intéressé opéré par les autorités allemandes. Comme il l'avait fait dans sa décision d'Assemblée *Moon Sun Myung* du 6 novembre

2002 (nos 194295 et 219587, p. 380), le Conseil d'État a contrôlé les vérifications opérées par la CNIL dans le cadre de la procédure de rectification. Mais il n'a pas eu à définir la nature de son contrôle sur le refus d'effacement par les autorités allemandes, dès lors que la procédure suivie par la CNIL était irrégulière.

En effet, en application des articles 106, 111 et 114 de la convention Schengen, il incombe aux autorités françaises, saisies d'une demande de rectification d'un signalement qu'elles ont elles-mêmes opéré, de procéder à l'effacement des données entachées d'erreur de droit ou de fait. Lorsque le signalement émane d'un État autre que la France, il appartient à l'autorité de contrôle française (la CNIL), dès lors qu'elle estime disposer d'indices faisant présumer qu'une donnée est erronée, d'en aviser les autorités de cet État. Conformément à l'article 106, celles-ci doivent alors procéder à la vérification des données et le cas échéant aux corrections nécessaires.

En l'espèce, la CNIL, s'appuyant sur les indices fournis par le requérant, qui dénonçait un signalement abusif lié à ses activités pour la défense des droits de l'Homme, avait bien saisi l'autorité de contrôle allemande dans le cadre de la procédure de coordination prévue à l'article 114 de la convention d'application de l'accord de Schengen. Mais elle s'était contentée d'une réponse générale de l'autorité de contrôle allemande, lui indiquant que « rien ne s'opposait au signalement de l'intéressé », sans plus de précision.

Par sa décision du 24 mars 2006, la Section du contentieux a estimé que la CNIL, lorsqu'elle saisit l'autorité de contrôle d'un État signalant en vue de la vérification et de l'effacement d'une inscription, est tenue de se faire communiquer les informations nécessaires en vue de l'examen du bien-fondé du signalement en étroite coordination avec ladite autorité, sans pouvoir lui transférer la responsabilité du contrôle. Elle a par suite annulé pour erreur de droit la décision de la CNIL se fondant sur la seule fin de non-recevoir de l'autorité allemande pour refuser de poursuivre la procédure aux fins d'effacement du signalement.

En outre, la Section du contentieux a explicitement tiré les conséquences de cette annulation, qui implique que la CNIL reprenne la procédure de vérification relative au signalement du requérant, aux fins d'aboutir d'un commun accord soit à l'effacement du signalement, soit au rejet de la demande, soit, en cas de désaccord entre les deux autorités de contrôle, à la saisine de l'autorité de contrôle commune mentionnée à l'article 106 de la convention d'application des accords de Schengen.

● France Nature environnement

Ass., 7 juil. 2006 [n° 283178]

Le Conseil d'État précise le champ des règles devant être nécessairement fixées par le législateur ou le gouvernement habilité à légiférer par ordonnance lors de l'institution d'un mécanisme de transaction pénale.

Le troisième alinéa de l'article 6 du code de procédure pénale prévoit l'extinction de l'action pénale par transaction, lorsque la loi en dispose expressément. Par sa décision n° 2006-535 DC du 30 mars 2006 relative à la loi pour l'égalité des chances, le Conseil constitutionnel a validé le principe même de la transaction pénale, en écartant un grief tiré de ce que l'octroi aux maires d'un pouvoir de transaction pénale serait contraire au principe de séparation des pouvoirs tel que garanti par l'article 16 de la Déclaration des droits de l'homme et du citoyen. Il indiquait néanmoins que cette séparation des pouvoirs n'est assurée que parce que la transaction conclue entre l'administration et la personne ayant commis l'infraction fait l'objet d'une homologation par l'autorité judiciaire et ajoutait que le législateur pouvait désigner à ce titre soit un magistrat du siège, soit un magistrat du parquet.

L'Assemblée du contentieux a été saisie d'un recours pour excès de pouvoir contre l'article 6 de l'ordonnance n° 2005-805 du 18 juillet 2005 portant simplification, harmonisation et adaptation des polices de l'eau et des milieux aquatiques, de la pêche et de l'immersion des déchets qui crée, à l'article L. 216-14 du code de l'environnement, une nouvelle procédure de transaction pénale pour les infractions commises dans le domaine de l'eau et des milieux aquatiques. Dans sa décision, le Conseil d'État définit tout d'abord la notion de transaction pénale et ses modalités : la transaction pénale entre une autorité administrative habilitée à la conclure et une personne susceptible d'être poursuivie pour la commission d'une infraction pénale résulte d'un accord qui détermine les suites à donner à la commission de cette infraction et, en particulier, les réparations en nature ou en espèces que devra assurer l'intéressé. Cet accord doit être donné librement et de manière non équivoque par l'auteur des faits litigieux, éventuellement assisté de son avocat. L'homologation de cet accord par l'autorité judiciaire compétente éteint l'action publique dès lors que les engagements pris ont été tenus.

Dans la lignée de la jurisprudence du Conseil constitutionnel, le Conseil d'État relève qu'une telle transaction pénale touche aux modes d'exercice de l'action publique et affecte la séparation des pouvoirs et la garantie des droits consacrées par l'article 16 de la Déclaration des droits de l'homme et du citoyen. Il appartient ainsi au législateur, compétent en vertu de l'article 34 de la Constitution, ou, dans le cas d'une application de l'article 38 de la Constitution, au Gouvernement agissant par voie d'ordonnance, lorsqu'ils créent un régime de transaction pénale, de déterminer les règles qui permettent d'en assurer le respect.

La décision précise que figurent au nombre de ces règles le champ d'application de la transaction pénale, la désignation de l'autorité habilitée à transiger lorsque ce n'est pas une autorité de l'État, la nature des mesures qui peuvent être prévues dans la transaction et qui ne sauraient, en tout état de cause, toucher à la liberté individuelle au sens de l'article 66 de la Constitution, ainsi que les conditions de l'homologation de la transaction une fois conclue.

Dans le cas où l'action publique n'a pas été mise en mouvement, cette homologation relève d'un magistrat du parquet, sauf à ce que la loi ait conféré à titre exclusif à une autorité administrative l'initiative des poursuites. Si l'action publique a été mise en mouvement, l'homologation est du seul ressort d'un magistrat du siège.

Les principes ainsi posés ont conduit l'Assemblée du contentieux à annuler la disposition attaquée. En effet le régime de transaction pénale mis en place par l'ordonnance imposait seulement à l'autorité administrative de recueillir l'accord du procureur de la République, sans exclure expressément l'intervention d'une transaction lorsque l'action publique a déjà été mise en mouvement et que, le cas échéant, une juridiction pénale est saisie. En outre, elle ne précisait pas la nature des mesures susceptibles de faire l'objet de la transaction.

LOGEMENT

2007

● Ministre de l'emploi, de la cohésion sociale et du logement c/ M. Caballero

Sect., 25 juil. 2007 [n° 277960]

Il résulte des termes, de l'objet et de l'économie générale de la loi du 1er septembre 1948 sur les baux et loyers, dont est issu l'article L. 631-7 du code de la construction et de l'habitation, que les dérogations à l'interdiction de changement d'affectation des locaux à usage d'habitation accordées sous son empire s'attachaient à la personne et non au local, avant même que la loi du 23 décembre 1986 ne précise que ces dérogations étaient accordées à titre personnel.

Adoptée dans le contexte de la pénurie de logements au lendemain de la Seconde guerre mondiale, la loi n° 48-1360 du 1er septembre 1948 sur les baux et loyers a mis en place, par son article 76, un régime d'interdiction faisant obstacle à la transformation d'un local d'habitation en local à usage professionnel, sauf dérogation accordée par le préfet. Codifiée à l'article 340 de l'ancien code de l'urbanisme et de l'habitation, puis à l'article L. 631-7 du code de la construction et de l'habitation, cette disposition a été complétée par une loi du 23 décembre 1986, qui est venue préciser que les dérogations étaient accordées à titre personnel.

S'il est donc désormais établi que les dérogations accordées au titre de l'article L. 631-7 du code de la construction et de l'habitation postérieurement à sa modification par la loi n° 86-1290 du 23 décembre 1986 s'attachent à la personne et non pas au local, la question de la nature de ces dérogations restait posée pour celles accordées antérieurement à l'entrée en vigueur de cette loi. C'est précisément d'un litige portant sur l'une de ces dérogations dont la Section du contentieux était saisie. Par une dérogation du 23 mars 1977, l'ambassade d'Uruguay avait été autorisée à installer ses bureaux dans un local à usage d'habitation. Après le déménagement de l'ambassade, le local avait été repris par un cabinet d'avocats qui avait sollicité du préfet de Paris un certificat d'affectation professionnelle. L'un des avocats avait saisi le juge administratif de la décision implicite de rejet du préfet de Paris, en soutenant que la dérogation accordée à l'ambassade d'Uruguay en 1977 s'attachait au local et demeurait en vigueur nonobstant le changement d'occupant. Le tribunal administratif de Paris avait rejeté la demande d'annulation de la décision du préfet, mais sur appel du requérant, la cour administrative d'appel de Paris y avait fait droit. Le ministre du logement s'était alors pourvu en cassation devant le Conseil d'État.

La Section du contentieux a suivi l'argumentation du ministre : elle a affirmé que les dérogations accordées antérieurement à la loi du 23 décembre 1986 présentaient, elles aussi, un caractère personnel. Elle a, ainsi, infirmé l'interprétation qu'une partie de la doctrine avait donnée de sa décision *Demoiselle Heitz* du 27 mai 1960 (n° 42927, p. 370), par laquelle elle avait jugé que la dérogation était accordée à titre définitif et non à titre de mesure transitoire. Mais cette décision signifiait seulement que la dérogation accordée avait un caractère définitif pour son bénéficiaire, l'administration ne pouvant la révoquer ni lui fixer une limite dans le temps, et non que cette dérogation s'attachait au local. En l'absence de dispositions expresses en ce sens, la Section du contentieux a estimé que le caractère personnel de ces dérogations résultait des termes, de l'objet et de l'économie générale des dispositions de la loi du 1er septembre 1948. Elle a ainsi donné toute leur portée à des dispositions dont l'objectif était de maintenir le plus grand nombre possible de logements dans le parc locatif à usage d'habitation. Cette interprétation aboutissait en l'espèce à l'annulation de l'arrêt de la cour administrative d'appel de Paris et au rejet des conclusions à fin d'annulation présentées par M. Caballero devant la cour.

MARCHÉS ET CONTRATS

2006

● Commune d'Houlgate et Société d'exploitation du casino d'Houlgate

Sect., 10 mars 2006 [nos 264098, 264123 et 268524]

La pratique constante du ministre de l'intérieur consistant à délivrer aux nouveaux exploitants de casinos des autorisations excluant temporairement les appareils de jeux automatiques et aux délégataires sortants une autorisation portant sur l'ensemble des jeux porte, lorsqu'elle n'est pas justifiée par les conditions d'exploitation du casino en cause ou par des considérations tenant au candidat, une atteinte excessive à l'égalité d'accès au marché de l'exploitation des casinos. Par conséquent, une commune ne peut légalement, pour choisir son délégataire, se fonder sur l'avantage illicite conféré par cette pratique.

Un casino municipal constituant une activité de service public (25 mars 1966, *Ville de Royan*, n°s 46504 et 46707, p. 237), une commune est tenue lorsqu'elle souhaite en confier l'exploitation à un tiers de mettre en œuvre les procédures propres aux délégations de service public qui sont prévues aux articles L. 1411-1 et suivants du code général des collectivités territoriales (Sect. de l'intérieur, avis du 4 avr. 1995, n° 357274, EDCE 1995, p. 414). Ainsi désigné par la commune, le gestionnaire doit ensuite obtenir l'autorisation du ministre de l'intérieur d'exploiter le casino. Cette autorisation est délivrée par le ministre, en application de la loi du 15 juin 1907 modifiée et du décret n° 59-1489 du 22 décembre 1959 modifié, après avis de la Commission supérieure des jeux.

Saisie de la question de l'articulation de ces règles de la police des jeux avec celles du droit de la concurrence, la Section du contentieux a inscrit sa décision dans le mouvement jurisprudentiel lancé par la jurisprudence du 3 novembre 1997, *Société Million et Marais* (Sect., n° 169307, p. 406), qui avait intégré au bloc de la légalité, dont le juge administratif impose le respect aux autorités administratives, les règles de la concurrence issues soit de l'ordonnance n° 86-1243 du 1er décembre 1986, aujourd'hui codifiées dans le code de commerce, soit du droit communautaire. Par la suite, le contenu des règles de la concurrence dont le juge administratif assure le respect avait été étendu, notamment au « principe d'égal accès » à la commande publique (avis, 8 nov. 2000, *Jean-Louis Bernard Consultants*, n° 222208, p. 492). Plus récemment encore, la Section du contentieux avait accepté de faire porter le contrôle de la légalité des actes administratifs sur leurs effets en matière d'accès au marché en raison des avantages qu'ils confèreraient à certains opérateurs plutôt qu'à d'autres (Sect., 30 avril 2003, *Syndicat professionnel des exploitants indépendants des réseaux d'eau et d'assainissement*, n° 230504, p. 189).

La décision *Commune d'Houlgate* marque une nouvelle étape dans cette ligne jurisprudentielle dont l'une des conséquences est de rapprocher différentes sources de la légalité, issues de plusieurs branches du droit, que les autorités administratives doivent concilier sous le contrôle du juge. Cette décision juge en effet qu'il incombe au ministre de l'intérieur, dans la mise en œuvre des pouvoirs qu'il tient des dispositions de la loi du 15 juin 1907 pour autoriser l'ouverture de salles de jeux, d'opérer une conciliation entre les nécessités de la protection de l'ordre public et les impératifs tenant à la préservation de l'égalité d'accès au secteur pour les entreprises candidates à des délégations de service public. La pratique du ministre consistant à accorder aux nouveaux exploitants une autorisation limitée temporairement aux seuls jeux de tables, avant d'être étendue aux appareils de jeux automatiques, dits « machines à sous », tandis que les anciens délégataires de casinos sollicitant le renouvellement de leur autorisation obtiennent des autorisations portant sur l'ensemble de ces jeux, sans justification tenant aux conditions d'exploitation du casino en cause ni à des considérations propres aux sociétés candidates, est regardée par la Section comme ne permettant pas d'assurer une telle conciliation et comme portant une atteinte excessive à l'égalité des candidats dans la présentation de leurs offres.

La Section en déduit qu'en l'espèce la commune d'Houlgate ne pouvait, sans méconnaître le principe d'égalité de traitement des candidats, se fonder sur les avantages illicites conférés par cette pratique pour choisir le délégataire sortant comme attributaire de la délégation d'exploiter son casino municipal.

2007

● Centre hospitalier général de Boulogne-sur-Mer

Sect., 6 avr. 2007 [n°s 264490 et 264491]

Hors le cas où elle est acquise à la suite de manœuvres frauduleuses ou dolosives, la réception sans réserve des travaux fait obstacle, sauf stipulations contractuelles contraires, à l'action en garantie du maître de l'ouvrage contre les constructeurs à raison des dommages causés aux tiers, alors même qu'il entendrait exercer une action en garantie à l'encontre des constructeurs à raison de condamnations prononcées contre lui au profit de ces tiers.

Du fait de la survenue, au cours de travaux réalisés sous la maîtrise d'ouvrage du centre hospitalier de Boulogne-sur-Mer, d'un glissement de terrain, des dommages avaient été causés à des propriétés riveraines. Le centre hospitalier avait été condamné à indemniser les riverains de leur préjudice mais avait recherché en garantie les constructeurs qui avaient réalisé les travaux, ainsi que les architectes qui en avaient assuré la maîtrise d'œuvre. Par ailleurs, il avait également cherché à obtenir auprès des constructeurs et des maîtres d'œuvre la réparation de préjudices propres subis du fait de cet accident. La cour administrative de Douai ayant rejeté, par deux arrêts distincts, l'ensemble de ses conclusions, le centre hospitalier s'était pourvu en cassation devant le Conseil d'État.

Contrairement à ce que pouvait laisser penser l'énoncé traditionnel selon lequel la réception, acte par lequel le maître de l'ouvrage déclare accepter l'ouvrage avec ou sans réserve, « a pour effet de mettre fin aux rapports contractuels qui étaient nés du marchés » (v. not. Sect., 4 juil. 1980, *SA Forrer et Cie*, n° 3433, p. 307), la Section du contentieux du Conseil d'État a tout d'abord rappelé que cette extinction des rapports contractuels entre le maître de l'ouvrage et les constructeurs concerne uniquement la réalisation de l'ouvrage (1er oct. 1993, *Vergnaud et Gaillard*, n° 60256, T. p. 880). Elle interdit, par conséquent, au maître de l'ouvrage d'invoquer, après qu'elle a été prononcée, et sous réserve de la garantie de parfait achèvement, des désordres apparents causés à l'ouvrage ou des désordres causés aux tiers du fait de la réalisation de l'ouvrage, dont il est alors réputé avoir renoncé à demander la réparation. Mais la réception demeure, par elle-même, sans effet sur les droits et obligations financiers nés de l'exécution du marché. En d'autres termes, tout dommage qui n'affecte ni l'ouvrage tel qu'il se présente au moment de la réception ni les tiers demeure susceptible, nonobstant cette réception, d'engager la responsabilité contractuelle de droit commun des constructeurs. Il en va ainsi notamment des conséquences des retards éventuels ou de travaux supplémentaires. Seule l'intervention du décompte général et définitif du marché a pour conséquence d'interdire au maître de l'ouvrage toute réclamation à cet égard.

Ces précisions ne sont pas les seules apportées par la décision *Centre hospitalier général de Boulogne-sur-Mer* : le Conseil d'État, après avoir réaffirmé la jurisprudence opposant la réception sans réserve des travaux à l'action en garantie du maître de l'ouvrage contre les constructeurs, à raison des dommages causés aux tiers (*SA Forrer et Cie* précitée; Sect., 15 juil. 2004, *Syndicat intercommunal d'alimentation en eau des communes de la Seyne et de la région Est de Toulon – « SIAEC »*, n° 235053, p. 345), a précisé que la réception interdit au maître de l'ouvrage d'invoquer des désordres causés aux tiers, alors même qu'il entendrait exercer une action en garantie à l'encontre des constructeurs à raison de condamnations prononcées contre lui au profit de ces tiers. Deux tempéraments sont toutefois admis par cette jurisprudence : les parties peuvent convenir dans le contrat que la réception de l'ouvrage n'aura pas l'effet extinctif qui s'y attache traditionnellement; est également réservé le cas où la réception n'aurait été acquise à l'entrepreneur qu'à la suite de manœuvres frauduleuses ou dolosives de sa part.

Par la même décision, la Section du contentieux a synthétisé et précisé la jurisprudence relative à l'obligation de conseil du maître d'œuvre lors de la réception de l'ouvrage et de l'établissement du décompte général du marché (v. not. 26 mai 1967, *Ville de Saverne c/ Wierel*, n° 65698, T. p. 853-855; Sect., 2 juil. 1971, *Sieur Peccoux*, n° 73913, p. 509). Au moment de la réception, l'obligation de conseil ne concerne que l'état de l'ouvrage achevé et ne s'étend donc pas aux désordres causés à des tiers par l'exécution du marché. En revanche, lorsqu'il a connaissance de désordres survenus en cours de chantier qui, sans affecter l'état de l'ouvrage achevé, ont causé des dommages au maître de l'ouvrage, il appartient au maître d'œuvre chargé d'établir le décompte général du marché, soit d'inclure dans ce décompte, au passif de l'entreprise responsable de ces désordres, les sommes correspondant aux conséquences de ces derniers, soit, s'il n'est pas alors en mesure de chiffrer lesdites conséquences avec certitude, d'attirer l'attention du maître de l'ouvrage sur la nécessité pour lui, en vue de sauvegarder ses droits, d'assortir la signature du décompte général de réserves relatives à ces conséquences. A défaut, il commet une faute de nature à engager sa responsabilité à l'égard du maître de l'ouvrage. Le Conseil d'État a, ce faisant, officialisé la possibilité, pour le maître de l'ouvrage, d'assortir de réserves la signature du décompte général.

En application des règles ainsi clarifiées, le Conseil d'État a rejeté le pourvoi dirigé contre l'arrêt de la cour administrative d'appel de Douai statuant sur l'appel en garantie du centre hospitalier à raison des dommages causés aux tiers, qui avait opposé à bon droit la réception sans réserve des travaux et l'absence de faute commise par les maîtres d'œuvre dans leur rôle de conseil au moment de cette réception. Il a, en revanche, annulé l'autre arrêt attaqué, qui, pour rejeter les conclusions de l'hôpital à fin de réparation de son préjudice propre, avait également opposé la réception sans réserve des travaux, sans distinguer entre les désordres de l'ouvrage apparents au moment de la réception et les autres préjudices subis par le maître d'ouvrage dans l'exécution du contrat. S'agissant de ces derniers préjudices, il a ensuite fait droit aux conclusions de l'hôpital dirigées contre ceux des constructeurs avec lesquels il entretenait toujours, en l'absence d'intervention de décompte général des marchés, des relations contractuelles. Le marché passé avec l'un des constructeurs appelés en garantie ayant, au contraire, été soldé sans réserve, le Conseil d'État a rejeté les conclusions principales du centre hospitalier visant ce constructeur, mais accueilli en partie ses conclusions subsidiaires dirigées contre les maîtres d'œuvre, en raison d'une faute commise dans leur obligation de conseil au moment de l'établissement du décompte général de ce marché.

La Section du contentieux a enfin jugé que lorsque, comme en l'espèce, un maître d'ouvrage public a été privé, du fait de la signature sans réserve du décompte général d'un marché de travaux, de la possibilité d'obtenir réparation auprès du titulaire du marché de la part des conséquences dommageables d'un accident de chantier qui lui est imputable et que les maîtres d'œuvre, ayant manqué à leurs obligations au titre de l'établissement du décompte général, sont condamnés à indemniser le maître de l'ouvrage d'une partie du préjudice qu'il a subi du fait de cette signature, ce préjudice n'est pas directement imputable aux manquements commis par les constructeurs en cours de chantier. En conséquence, le Conseil d'État a rejeté les conclusions d'appel en garantie présentées par les maîtres d'œuvre contre les constructeurs à raison de ce préjudice.

● Commune d'Aix-en-Provence

Sect., 6 avr. 2007 [n° 284736]

Une collectivité publique peut légalement accorder des subventions à un organisme chargé de la gestion d'un service public, alors même qu'elle n'aurait pas conclu avec lui une convention de délégation de service public. Tel est notamment le cas lorsqu'une personne privée exerce, sous sa seule responsabilité, une activité dont elle a pris l'initiative, si son activité peut se voir reconnaître un caractère de service public du fait de ce qu'une personne publique, en raison de l'intérêt général qui s'y attache et de l'importance qu'elle revêt à ses yeux, exerce un droit de regard sur son organisation.

Les difficultés financières rencontrées par le festival d'art lyrique d'Aix-en-Provence au cours des années 1980 et 1990 ont conduit les collectivités publiques (commune d'Aix-en-Provence, département des Bouches-du-Rhône, région Provence-Alpes-Côte-d'Azur et État) à lui apporter un important soutien financier. Une nouvelle association a été créée en 1996 pour gérer le festival, les quatre collectivités publiques, qui désignent onze des quinze membres de son conseil d'administration, lui versant d'importantes subventions. Deux contribuables d'Aix-en-Provence ont toutefois contesté les subventions versées par la commune en 1998, en soutenant, d'une part, qu'elles constituaient des aides illégales et, d'autre part, qu'elles avaient été versées sans que soient respectées les règles de procédure fixées en matière de délégation de service public par le code général des collectivités territoriales. La cour administrative d'appel de Marseille a fait droit à leurs conclusions, en jugeant illégales les subventions de la commune au motif qu'il résultait de l'article L. 1411-2 de ce code que l'attribution, par une collectivité publique, de subventions à un organisme chargé de la gestion d'un service public ne peut être légalement décidée qu'à la condition qu'ait été conclue, entre la collectivité délégante et cet organisme, une convention de délégation de service public prévoyant l'octroi de ces subventions, et que tel n'avait pas été le cas en l'espèce.

Sur pourvoi de la commune d'Aix-en-Provence, la Section du contentieux était ainsi saisie de la question de savoir si une collectivité publique ne peut subventionner une association chargée d'une mission de service public qu'après avoir procédé, selon les règles fixées, soit par les articles 38 et suivants de la loi du 29 janvier 1993, soit par les articles L. 1411-1 et suivants du code général des collectivités territoriales, à une délégation de service public et, en cas de réponse négative, si les subventions versées en l'espèce par la ville d'Aix-en-Provence à l'association chargée de l'organisation du festival étaient soumises aux règles relatives aux aides aux entreprises fixées aux articles L. 1511-1 et suivants du même code.

Pour répondre à ces questions, la Section a jugé que lorsque des collectivités publiques sont responsables d'un service public, elles peuvent, dès lors que la nature de ce service n'y fait pas par elle-même obstacle, décider de confier sa gestion à un tiers. A cette fin, sauf si un texte en dispose autrement, elles doivent en principe conclure avec un opérateur, quel que soit son statut juridique et alors même qu'elles l'auraient créé ou auraient contribué à sa création ou encore qu'elles en seraient membres, associées ou actionnaires, un contrat de délégation de service public ou, si la rémunération de leur cocontractant n'est pas substantiellement liée aux résultats de l'exploitation du service, un marché public de services. La Section a toutefois précisé que ces collectivités publiques peuvent choisir de ne pas passer un tel contrat lorsque, eu égard à la nature de l'activité en cause et aux conditions particulières dans lesquelles il l'exerce, le tiers auquel elles s'adressent ne saurait être regardé comme un opérateur sur un marché concurrentiel.

La Section a aussi jugé que lorsqu'elles sont responsables d'un service public, des collectivités publiques peuvent décider d'en assurer directement la gestion, que ce soit en simple régie, ou encore, s'il s'agit de collectivités territoriales, dans le cadre d'une régie à laquelle elles ont conféré une autonomie financière et, le cas échéant, une personnalité juridique propre. Dans ce cadre, ces collectivités doivent être regardées comme gérant directement le service public si elles créent à cette fin un organisme dont l'objet statutaire exclusif est, sous réserve d'une diversification purement accessoire, de gérer ce service et si elles exercent sur cet organisme un contrôle comparable à celui qu'elles exercent sur leurs propres services, leur donnant notamment les moyens de s'assurer du strict respect de son objet statutaire. Un tel organisme, qui peut notamment être mis en place lorsque plusieurs collectivités publiques décident de créer et de gérer ensemble un service public, ne saurait alors être regardé comme un opérateur tiers auquel les collectivités publiques ne pourraient faire appel qu'en concluant un contrat de délégation de service public ou un marché public de services.

La Section a enfin ajouté que lorsqu'une personne privée exerce, sous sa responsabilité et sans qu'une personne publique en détermine le contenu, une activité dont elle a pris l'initiative, elle ne peut, en tout état de cause, être regardée comme bénéficiant de la part d'une personne publique de la dévolution d'une mission de service public. Toutefois, son activité peut se voir reconnaître un caractère de service public, alors même qu'elle n'a fait l'objet d'aucun contrat de délégation de service public, si une personne publique, en raison de l'intérêt général qui s'y attache et de l'importance qu'elle revêt à ses yeux, exerce un droit de regard sur son organisation et, le cas échéant, lui accorde, dès lors qu'aucune règle ni aucun principe n'y font obstacle, des financements.

Faisant application de ces règles, la Section a annulé l'arrêt de la cour administrative d'appel de Marseille, au motif que celle-ci avait commis une erreur de droit en jugeant illégales les subventions en cause sans rechercher si, pour l'une des raisons analysées ci-dessus, la passation d'un contrat de délégation de service public pouvait ou devait être exclue.

La Section a ensuite jugé que la commune d'Aix-en-Provence n'était pas tenue de passer avec l'association chargée d'organiser le festival une convention de délégation de service public, ni n'était soumise, s'agissant des subventions versées à l'association, aux règles encadrant les aides économiques des collectivités territoriales. Elle a relevé, à l'appui de cette appréciation, que l'État, la région Provence-Alpes-Côte-d'Azur, le département des Bouches-du-Rhône et la commune d'Aix-en-Provence avaient décidé, sans méconnaître aucun principe, de faire du festival international d'Aix-en-Provence un service public culturel lequel, compte tenu de son objet, de ses modalités d'organisation et de ses modalités de financement, présentait un caractère administratif. Par suite, l'association à laquelle les quatre collectivités publiques avaient confié sa gestion ne pouvait être regardée, compte tenu de son objet statutaire et du contrôle qu'exerçaient sur elle ces collectivités, ni comme un opérateur auquel il ne pourrait être fait appel qu'après passation d'un contrat de délégation de service public ou d'un marché public de service, ni comme une entreprise à laquelle il aurait été octroyé des aides à caractère économique.

● Société Tropic Travaux Signalisation

Ass., 16 juil. 2007 [n° 291545]

Tout concurrent évincé de la conclusion d'un contrat administratif peut former devant le juge du contrat un recours de pleine juridiction contestant la validité de ce contrat ou de certaines de ses clauses qui en sont divisibles, assorti, le cas échéant, de demandes indemnitaires. Il peut être dérogé au principe de l'application de la règle jurisprudentielle nouvelle à l'ensemble des litiges, quelle que soit la date des faits qui leur ont donné naissance, s'il a pour conséquence de méconnaître rétroactivement le droit au recours ou encore, en raison de l'impératif de sécurité juridique, s'il a pour effet de porter une atteinte excessive à la stabilité des relations contractuelles en cours.

Selon une jurisprudence ancienne et constante, les personnes qui ne sont pas parties à un contrat administratif ne peuvent en demander l'annulation en justice (24 déc. 1897, *Le Buf*, n° 87703, p. 848 ; 14 mars 1997, *Compagnie d'aménagement des coteaux de Gascogne*, n° 119055, T. p. 672) : seules les parties peuvent, si elles estiment ce contrat invalide, demander au juge d'en constater la nullité. Ce principe ne connaissait que des exceptions ponctuelles : le préfet peut ainsi, dans le cadre du contrôle de légalité des actes des collectivités territoriales, demander au juge administratif d'annuler un contrat passé par l'une de ces collectivités; les usagers d'un service public peuvent lui demander d'annuler les clauses à caractère réglementaire des contrats par lesquels est déléguée la gestion de ce service public (Ass., 19 juil. 1996, *Cayzeele*, n° 138536, p. 274); enfin, les personnes y ayant intérêt peuvent lui demander d'annuler le contrat de recrutement d'un agent public non titulaire (Sect., 30 oct. 1998, *Ville de Lisieux*, n° 149662, p. 375).

Dans les autres cas, la seule voie de droit ouverte aux tiers pour contester un contrat est indirecte et complexe : elle consiste à demander l'annulation des actes administratifs dits « détachables » du contrat lui-même (4 août 1905, *Martin*, n° 14220, p. 749), par exemple la décision de conclure ce contrat. En cas d'annulation de l'un de ces actes à la demande d'un tiers, le juge peut, dans certains cas et sous certaines conditions, enjoindre aux parties, qui ont seules qualité pour ce faire, de le saisir d'une demande tendant à ce que soit constatée la nullité du contrat (Sect., 7 oct. 1994, *Époux Lopez*, n° 124244, p. 430).

Enfin, si le référé pré-contractuel permet à toute personne ayant vocation à conclure un contrat tel qu'un marché public ou une délégation de service public de demander au juge de faire cesser un manquement aux obligations de publicité et de mise en concurrence pesant sur l'administration, ce recours ne peut plus être exercé après la signature du contrat.

Par sa décision *Société Tropic Travaux Signalisation*, l'Assemblée du contentieux du Conseil d'État a profondément modifié cet état du droit en ouvrant aux concurrents évincés de la conclusion d'un contrat administratif un recours leur permettant de contester directement devant le juge administratif, après sa signature, la validité de ce contrat. Ce recours peut en outre être assorti d'une demande tendant à ce que le juge des référés ordonne, à titre conservatoire, la suspension de l'exécution du contrat.

Les conditions auxquelles l'Assemblée du contentieux a subordonné l'exercice de ce nouveau recours traduisent toutefois le souci de ne pas porter atteinte à la stabilité des relations contractuelles, indispensable à la vie des affaires et au fonctionnement régulier des services publics.

Tout d'abord, elle a précisé que ce recours est ouvert aux seuls concurrents évincés, et non à toute personne qui s'estimerait lésée par le contrat. Ensuite, il ne peut être exercé que dans le délai de deux mois, y compris si le contrat contesté est relatif à des travaux publics, à compter de la date à laquelle la conclusion du contrat a fait l'objet de mesures de publicité appropriées, notamment au moyen d'un avis mentionnant à la fois la conclusion du contrat et les modalités de sa consultation dans le respect des secrets protégés par la loi. Enfin, les concurrents évincés auxquels est ouvert ce nouveau recours ne peuvent plus, à compter de la conclusion du contrat, contester les actes préalables à sa conclusion qui en sont détachables.

Par ailleurs, le juge de ce recours de pleine juridiction dispose de larges pouvoirs lui permettant, s'il constate l'existence de vices entachant le contrat, d'en tirer les conséquences en prenant en compte l'ensemble des intérêts en présence : il peut ainsi décider la résiliation du contrat pour l'avenir, la modification de certaines de ses clauses, la poursuite de son exécution sous réserve de mesures de régularisation, ou encore se borner à accorder des indemnités au demandeur. Ce n'est que si les vices constatés le justifient, et après avoir vérifié si cette annulation ne porterait pas une atteinte excessive à l'intérêt général ou aux droits des cocontractants, qu'il pourra décider d'annuler totalement ou partiellement, le cas échéant avec effet différé, ce contrat.

La décision du 16 juillet 2007 innove également en ce que, pour la première fois, le Conseil d'État décide de limiter l'effet rétroactif de l'important changement de jurisprudence ainsi opéré.

En principe, en effet, tout changement de jurisprudence a un caractère rétroactif, car la jurisprudence est réputée refléter un état du droit qui a toujours existé; les nouvelles règles s'appliquent donc normalement à tous les litiges, même à ceux nés avant qu'elles aient été dégagées par le juge. Sans revenir de façon générale sur ce principe, l'Assemblée du contentieux a toutefois estimé qu'il pouvait être nécessaire d'y déroger lorsque le changement de jurisprudence concerne l'existence et les modalités d'exercice des recours juridictionnels eux-mêmes.

D'une part, un changement de jurisprudence ne doit pas porter rétroactivement atteinte au droit fondamental qu'est le droit au recours : ce n'est donc qu'après avoir relevé que, dans leur ensemble, les nouvelles règles définies par sa décision n'apportent pas de limitation à ce droit que l'Assemblée a indiqué qu'il appartiendrait en principe aux juges administratifs d'appliquer ces nouvelles règles dans tous les litiges qu'ils auraient à trancher.

D'autre part, et à l'inverse, l'ouverture d'un nouveau recours ne doit pas se faire au détriment de la sécurité juridique. Or, sur ce point, l'Assemblée du contentieux a estimé que, eu égard à l'impératif de sécurité juridique tenant à ce qu'il ne soit pas porté une atteinte excessive aux relations contractuelles en cours, le nouveau recours ouvert par sa décision aux concurrents évincés ne pourrait être exercé qu'à l'encontre des contrats dont la procédure de passation est engagée postérieurement à la date de cette décision. Il n'en va différemment que pour les actions en justice ayant le même objet et déjà engagées à cette date, auxquelles les nouvelles règles seront applicables.

2008

● Société Decaux et département des Alpes-Maritimes

Sect., 10 avr. 2008 [n°s 244950, 284439 et 284607]

En cas de nullité d'un contrat administratif, les fautes éventuellement commises par le cocontractant de l'administration antérieurement à sa signature sont sans incidence sur son droit à indemnisation au titre de l'enrichissement sans cause de la collectivité, sauf si le contrat a été obtenu dans des conditions de nature à vicier le consentement de l'administration. Dans le cas où la nullité résulte d'une faute de l'administration, le cocontractant peut en outre prétendre à la réparation du dommage imputable à cette faute, sous réserve du partage de responsabilité découlant le cas échéant de ses propres fautes.

Le co-contractant de l'administration dont le contrat est entaché de nullité peut prétendre, sur un terrain quasi contractuel, au remboursement de celles de ses dépenses qui ont été utiles à la collectivité envers laquelle il s'était engagé. Dans le cas où la nullité du contrat résulte d'une faute de l'administration, il peut en outre, sous réserve du partage de responsabilité découlant le cas échéant de ses propres fautes, prétendre à la réparation du dommage imputable à la faute de l'administration. Ce régime jurisprudentiel a notamment été formalisé par une décision du 19 avril 1974, *Société Entreprise Louis Segrette* (n° 82518, T. p. 1052 ; v. également, Sect., 20 oct. 2000, *Société Citecable Est*, n° 196553, p. 457).

La Section du contentieux a précisé à plusieurs titres les modalités d'application d'un tel régime.

Le Conseil d'État s'est d'abord prononcé sur la question des conséquences à tirer de la faute de l'appauvri, s'agissant du droit à indemnisation de l'entrepreneur sur un fondement quasi-contractuel. Bien que la jurisprudence soit majoritairement engagée dans le sens du caractère non exonératoire d'une telle faute – celle-ci n'étant prise en compte qu'au titre de la responsabilité quasi-délictuelle –, certaines décisions aboutissaient, d'une manière ou d'une autre, à lui conférer en pratique un tel caractère (30 janv. 1974, *Communes de Houilles*, n° 85072, p. 75). Levant toute ambiguïté sur la question, le Conseil d'État, qui a repris le considérant de principe d'une décision du 22 février 2008, *M. Tête* (n° 266755), a jugé que les fautes éventuellement commises par l'intéressé antérieurement à la signature du contrat sont sans incidence sur son droit à indemnisation au titre de l'enrichissement sans cause de la collectivité, sauf si le contrat a été obtenu dans des conditions de nature à vicier le consentement de l'administration. Cette jurisprudence traduit l'idée que la responsabilité pour enrichissement sans cause est une responsabilité objective, qui a pour objet essentiel, dans un souci d'équité économique, de rétablir l'équilibre entre deux patrimoines. La seule réserve concerne donc l'hypothèse où, sous l'effet d'un vice du consentement de l'administration lors de la conclusion du contrat, l'une des conditions posées par la jurisprudence administrative, à savoir l'assentiment au moins tacite donné par l'administration aux prestations dont elle a bénéficié, ne peut être regardée comme remplie.

Concernant le mode de calcul des dépenses utiles, la décision précise que dans le cas où le contrat en cause est un marché public, les frais financiers engagés par le co-contractant de l'administration pour assurer l'exécution de ce contrat, entaché de nullité, ne peuvent être regardés comme des dépenses utiles à la collectivité dont l'intéressé peut demander le remboursement sur un terrain quasi contractuel. Cette solution est à rapprocher de la jurisprudence admettant au contraire, en cas de nullité d'un contrat de concession de service public, que le co-contractant de l'administration soit indemnisé, au titre de l'enrichissement sans cause, de la valeur non amortie, à la date à laquelle les biens nécessaires à l'exploitation du service font retour à l'administration, des dépenses d'investissement qu'il a consenties, ainsi que du déficit qu'il a, le cas échéant, supporté à raison de cette exploitation, compte tenu notamment des dotations aux amortissements et des frais afférents aux emprunts éventuellement contractés pour financer les investissements, pour autant toutefois qu'il soit établi, au besoin après expertise, que ce déficit était effectivement nécessaire, dans le cadre d'une gestion normale, à la bonne exécution du service (16 nov. 2005, *MM. Auguste et Commune de Nogent-sur-Marne*, n° 262360, p. 508)

Examinant ensuite le droit à indemnisation de l'entrepreneur sur un fondement quasi-délictuel, la Section a rappelé que ce dernier peut demander le paiement des sommes correspondant aux autres dépenses exposées par lui pour l'exécution du contrat et aux gains dont il a été effectivement privé par sa nullité, notamment du bénéfice auquel il pouvait prétendre, si toutefois l'indemnité à laquelle il a droit sur un terrain quasi-contractuel ne lui assure pas déjà une rémunération supérieure à celle que l'exécution du contrat lui aurait procurée. Il est toutefois précisé que si, comme en l'espèce, le co-contractant a lui-même commis une faute grave en se prêtant à la conclusion d'un marché dont, compte tenu de son expérience, il ne pouvait ignorer l'illégalité, et que cette faute constitue la cause directe de la perte du bénéfice attendu du contrat, il n'est pas fondé à demander l'indemnisation de ce préjudice.

Ce dernier point marque l'originalité de la décision par rapport à la jurisprudence dominante en matière de droit à indemnisation de l'entrepreneur sur un fondement quasi-délictuel : le partage par moitié est en effet la solution la plus courante en cas de nullité du contrat résultant de l'insertion dans celui-ci d'une clause illégale (13 juil. 1968, *Stoskopf*, n° 70932, p. 460) ou, comme en l'espèce, de l'irrégularité des conditions dans lesquelles il a été passé par la collectivité publique (17 oct. 1980, *Société Assistance Technique et Coordination et Solvet*, n° 11905 ; v. cependant, pour une exception, 6 fév. 1981, *Commune de Sixt*, n° 4288, T. p. 910). Dans l'affaire qui lui était soumise, la Section a toutefois estimé que si la faute commise par le département, qui avait eu irrégulièrement recours à une procédure de marché négocié, avait rendu possible le préjudice subi par la société à raison de la perte du bénéfice attendu du contrat, le comportement de la société co-contractante, qui s'était prêtée à la conclusion du marché en dépit du caractère manifeste de l'irrégularité en cause, était à ce point anormal que le dommage devait être regardé comme lui étant exclusivement imputable, ce qui revenait à nier l'existence d'un lien de causalité direct entre le fait de l'administration et le dommage subi en raison de la nullité du contrat.

● Société Krupp Hazemag

Ass., 11 juil. 2008 [n° 287354]

Le juge de cassation peut être saisi d'une demande d'homologation d'une transaction intervenue en cours d'instance entre les parties.

Selon l'article 2044 du code civil, la transaction est un contrat par lequel les parties terminent une contestation née ou préviennent une contestation à naître. En vertu de l'article 2052 de ce code, et comme le Conseil d'État l'a rappelé par son avis d'Assemblée du 6 décembre 2002, *Syndicat intercommunal des établissements du second cycle du second degré du district de l'Haÿ-les-Roses* (n° 249153, p. 433), un tel contrat a entre les parties l'autorité de la chose jugée en dernier ressort et est exécutoire de plein droit, sans qu'y fassent obstacle, notamment, les règles de la comptabilité publique.

Le juge administratif a été conduit depuis longtemps à prendre en compte les transactions conclues en cours d'instance à l'occasion d'un litige de plein contentieux. Il a à cette occasion été jugé que l'intervention d'une transaction en cours d'instance justifie qu'il n'y ait plus lieu de statuer sur les demandes satisfaites par cette convention (24 mars 1928, *Sieur Guillabert*, n° 73356, p. 444 ; 28 janv. 1994, *Société Raymond Camus et Cie*, n° 49518, T. p. 1041). La jurisprudence considère également que la demande portant sur le même objet que celui qui a donné lieu à la transaction est irrecevable (8 juil. 1925, *Renaud*, n° 80318, p. 653 ; 28 nov. 1990, *OPHLM de la Meuse*, n° 30875, T. p. 871).

Il a également été admis que le juge soit appelé en quelque sorte à apposer son label sur les transactions intervenues au cours d'un litige juridictionnel qui lui était soumis, en sanctionnant ou en homologuant l'accord des parties. C'est le cas, en premier lieu, de la jurisprudence issue de la décision de Section *Chemin de fer du Nord c/ Sieur de Brigode* (9 fév. 1934, n° 24919, p. 194), selon laquelle, lorsqu'un juge déduit du rapprochement des conclusions présentées par des parties en litige devant lui qu'un accord est intervenu entre elles sur un point particulier du litige, il lui incombe d'en déduire l'existence d'un « contrat judiciaire » auquel il ne peut passer outre. Il est alors dans l'obligation de donner acte de cette transaction. C'est, en second lieu, l'hypothèse légèrement différente qu'illustre la décision de Section *Sieurs Mergui* (19 mars 1971, n° 79962, p. 235), dans laquelle le juge est appelé à sanctionner un accord en bonne et due forme intervenu entre les parties au cours du litige juridictionnel.

Une forme d'homologation distincte de celles admises jusque là a récemment été reconnue par l'avis d'Assemblée précité *Syndicat intercommunal des établissements du second cycle du second degré du district de l'Haÿ-les-Roses :* après avoir affirmé que la demande d'homologation d'une transaction en dehors de tout procès est en principe irrecevable, l'avis précise que cette recevabilité doit être admise, dans l'intérêt général, lorsque la conclusion d'une transaction vise à remédier à une situation telle que celle créée par une annulation ou la constatation d'une illégalité qui ne peuvent donner lieu à régularisation, ou lorsque son exécution se heurte à des difficultés particulières.

En l'espèce, en vertu d'un protocole d'accord conclu entre la communauté d'agglomération Sarreguemines Confluences et la société Krupp Hazemag, la communauté d'agglomération acceptait notamment de renoncer à la moitié de la créance d'environ 780 000 euros qu'elle détenait sur la société Krupp compte tenu de l'arrêt de la cour administrative d'appel de Nancy objet du pourvoi en cassation de la société, en échange de l'engagement de cette dernière de maintenir une moyenne de 80 salariés au moins sur le site de Sarreguemines entre 2006 et 2011, ou, à défaut, de verser à la communauté d'agglomération une somme de 100 000 euros par année où cette moyenne ne serait pas atteinte. La société demandait au Conseil d'État l'homologation du protocole d'accord et, à condition que cette homologation soit prononcée, qu'il lui soit donné acte de son désistement.

La principale question soulevée concernait la possibilité de présenter une telle demande devant le juge de cassation. Celui-ci n'a à connaître que de la régularité et de la légalité d'un jugement et ne constitue pas un troisième degré de juridiction. Or l'homologation d'une transaction suppose de s'assurer de la licéité de celle-ci, et donc d'exercer un contrôle de fond.

L'Assemblée du contentieux a apporté une réponse positive à cette question en jugeant, après avoir rappelé que les parties à une instance en cours devant le juge administratif peuvent présenter à celui-ci des conclusions tendant à l'homologation d'une transaction par laquelle elles mettent fin à la contestation initialement portée devant la juridiction administrative, que de telles conclusions peuvent être présentées y compris à l'occasion d'un pourvoi en cassation. Ce n'est toutefois pas au titre de son office de juge de cassation que le juge administratif se prononce alors, mais, ainsi que le précise la décision, en tant que juge de l'homologation. La décision ajoute qu'en cas d'homologation de la transaction, le juge administratif doit constater le non lieu à statuer sur la requête ou, dans le cas où la partie requérante aurait subordonné son désistement à l'homologation de la transaction, donner acte de ce désistement, et, qu'en revanche, le refus d'homologation entraînant la nullité de la transaction, il appartient dans cette hypothèse au juge de statuer sur la requête.

Ce faisant, le Conseil d'État a implicitement, mais nécessairement, admis que les parties puissent transiger après l'intervention de la décision d'une juridiction qui a statué en dernier ressort, laquelle présente, même si elle peut faire l'objet ou est effectivement l'objet d'un pourvoi en cassation, le caractère d'une décision passée en force de chose jugée (Ass., 27 oct. 1995, *Ministre du logement c/ Mattio*, n° 150703, p. 359). On peut relever, à l'appui de cette solution, qu'une telle décision ne met pas irrévocablement fin à toute contestation, notamment parce que le juge de cassation, s'il est saisi, peut encore l'annuler et « rouvrir » ainsi le litige.

Le Conseil d'État s'est ensuite prononcé sur le protocole d'accord qui lui était soumis. Ainsi que l'a rappelé l'avis précité du 6 décembre 2002, il appartient au juge administratif saisi d'une demande d'homologation recevable de vérifier que les parties consentent effectivement à la transaction, que l'objet de celle-ci est licite, qu'elle ne constitue pas de la part de la collectivité publique une libéralité et ne méconnaît pas d'autres règles d'ordre public. En l'espèce, le Conseil d'État a jugé que l'accord avait été régulièrement signé et n'était pas constitutif d'une libéralité de la part de la communauté d'agglomération. De plus, l'Assemblée du contentieux a estimé que l'accord, qui n'avait pas d'autre objet que de mettre fin, par des concessions réciproques, au litige porté par les deux parties devant la juridiction administrative, ne constituait pas une aide économique accordée dans des conditions irrégulières et ne méconnaissait, outre l'interdiction des libéralités, aucune autre règle d'ordre public. Il en a dès lors prononcé l'homologation, avant de donner acte de son désistement à la société.

● Ville de Paris

Sect., 11 juil. 2008 [n° 312354]

Il appartient au juge de cassation d'exercer un contrôle de qualification juridique sur les notions d'avenant ou de nouveau marché. L'extension du système de vélos en libre-service, dit

«Vélib'», mis en place par la ville de Paris, à trente communes de la banlieue parisienne, pouvait faire l'objet d'un simple avenant au marché initial et n'exigeait donc pas la conclusion d'un nouveau contrat.

Le 27 février 2007, la ville de Paris a signé avec la société Somupi, filiale du groupe J.-C. Decaux, un marché portant sur du mobilier urbain et la mise en place de vélos en libre-service. Par une délibération du 19 décembre 2007, le conseil de Paris a autorisé le maire à signer avec la société titulaire du marché un avenant dont l'objet était l'extension du réseau existant à une partie du territoire de trente communes limitrophes ou proches de la capitale. La société Clear Channel France, dont la candidature à l'attribution du marché initial n'avait pas été retenue, a saisi le juge des référés du tribunal administratif de Paris d'un référé précontractuel (art. L. 551-1 du code de justice administrative), en demandant l'annulation de la procédure d'attribution portant sur la conclusion de l'avenant. Le juge des référés, analysant l'acte dont la passation était contestée devant lui comme un nouveau contrat, a estimé que celui-ci ne pouvait, compte tenu de son montant, être passé sans publicité ni mise en concurrence. Il en a déduit que la procédure de passation était irrégulière et a annulé la délibération par une ordonnance contre laquelle un recours en cassation a été introduit.

Pour apprécier la légalité de l'ordonnance attaquée, il fallait tout d'abord que le Conseil d'État définisse la nature de son contrôle de cassation : outre l'erreur de droit, devait-il procéder à un contrôle de qualification juridique ou de simple dénaturation des notions d'avenant et de nouveau marché ? S'il n'existe pas de « frontière naturelle » entre la dénaturation et l'erreur de qualification juridique, il n'en demeure pas moins une différence d'intensité du contrôle exercé par le juge de cassation.

Il était tentant de faire le rapprochement entre la matière contractuelle et la matière précontractuelle, démarche qui incitait à retenir un contrôle de dénaturation : en effet, la matière contractuelle reste de manière prédominante le domaine de l'appréciation souveraine des juges du fond, que ce soit pour déterminer l'existence même de relations contractuelles (28 juin 1999, *Ministre de l'équipement, du logement et des transports*, n°s 145849-158026, T. p. 892) ou pour interpréter et appliquer des stipulations d'un contrat ou d'un avenant (Sect., 5 janv. 1945, *Erb*, n° 64463, p. 7).

La Section a retenu, au contraire, un contrôle de qualification juridique. D'une part, la différence entre avenant et nouveau contrat commande l'application ou non, à la procédure de passation de l'acte en cause, des règles nationales et communautaires en matière de publicité et de mise en concurrence. D'autre part, un contrôle étroit peut se justifier par l'office du juge des référés précontractuels. En effet, conformément aux dispositions de l'article L.551-1 du code de justice administrative, le juge des référés en matière précontractuelle a des pouvoirs exorbitants par rapport à d'autres référés. Or, si les affaires peuvent être jugées en formation collégiale (19 mars 1997, *SA Entreprise générale de terrassements et de travaux publics*, n° 163293, T. p. 1003), elles sont le plus souvent et en principe jugées, dans l'urgence, par un juge unique, dont les décisions sont définitives. Le contrôle de cassation applicable dans les autres procédures de référé n'est pas apparu adapté dans un tel contexte.

Il restait à se prononcer sur la question de fond posée par l'affaire, à savoir la qualification de marché ou d'avenant à conférer au contrat en cause. L'enjeu était important : aux termes de l'article 20 du code des marchés publics, « sauf sujétions techniques imprévues ne résultant pas du fait des parties, un avenant ou une décision de poursuivre ne peut bouleverser l'économie du marché [...] ni en changer l'objet ». Ces dispositions visent à limiter la possibilité de modifier le marché initial par un avenant, traditionnellement défini comme un acte qui modifie une convention en l'adaptant ou en la complétant par de nouvelles clauses.

L'acte dont la passation était contestée traduisait certes un élargissement substantiel du périmètre géographique couvert par le marché initial : installation de 200 stations supplémentaires par rapport aux 1 400 stations initiales ; mise à disposition de 4 500 vélos en sus des 20 600 vélos initiaux. De plus, si le surcoût était estimé à 8 % par rapport au prix initial, nettement moins donc que la variation de 15 à 20 % que la jurisprudence considère généralement comme susceptible de traduire un bouleversement de l'économie du marché, et nettement moins que le tiers, seuil au-delà duquel l'avenant est présumé illégal (30 janv. 1995, *Société Viafrance*, n° 151099), le financement de la deuxième étape devait cette fois relever de la ville, alors que le marché initial se rapprochait d'un contrat classique de mobilier urbain, traduisant ainsi une modification de l'équilibre du contrat.

Néanmoins, la Section du contentieux n'a pas suivi l'analyse juridique du juge du référé précontractuel. La circonstance que le marché initial avait prévu l'hypothèse d'une extension a pu peser dans la décision, dans le sens d'une confirmation du respect, par l'acte dont la passation était contestée, de l'objet du contrat initial. Surtout, ainsi qu'il ressort des motifs de la décision, la Section a estimé que cet acte avait pour objet essentiel d'élargir le service offert aux usagers du Vélib' parisien en accroissant le nombre de vélos et l'aire de fonctionnement du système, et non de mettre en place un service distinct destiné aux déplacements dans les communes limitrophes. En d'autres termes, elle a estimé qu'il était possible modifier par avenant la couverture d'un réseau, dès lors qu'il s'agit d'un même réseau, destiné aux mêmes publics.

Au final, la Section du contentieux a rejeté comme irrecevable la demande de la société à fin d'annulation de la procédure d'attribution de l'avenant contesté, le juge des référés n'étant pas compétent pour statuer sur un avenant dès lors qu'un tel accord n'est pas soumis aux obligations de publicité et de mise en concurrence qui s'appliquent à la passation des marchés publics.

● Syndicat mixte intercommunal de réalisation et de gestion pour l'élimination des ordures ménagères du secteur Est de la Sarthe

Sect., 3 oct. 2008 [n° 305420]

Il incombe au juge des référés précontractuels de rechercher si l'entreprise qui le saisit se prévaut de manquements qui, eu égard à leur portée et au stade de la procédure auquel ils se rapportent,

sont susceptibles de l'avoir lésée ou risquent de la léser, fût-ce de façon indirecte en avantageant une entreprise concurrente.

Aux termes de l'article L. 551-1 du code de justice administrative, relatif à la procédure du référé précontractuel instituée à l'origine par l'article L. 22 du code des tribunaux administratifs et des cours administratifs d'appel : « Les personnes habilitées à agir sont celles qui ont un intérêt à conclure le contrat et qui sont susceptibles d'être lésées par ce manquement (...) ». Alors que la seconde condition posée par cet article pouvait inciter à une interprétation restrictive, le Conseil d'État, jugeant qu'une entreprise candidate à l'obtention d'un marché est susceptible d'être lésée par tout manquement aux obligations de publicité et de mise en concurrence, avait admis qu'une entreprise puisse invoquer devant le juge du référé précontractuel tout manquement aux obligations de publicité et de mise en concurrence, sans que le juge ait à rechercher si les irrégularités invoquées lui ont effectivement porté préjudice (16 oct. 2000, *Société Stereau*, n° 213958, T. p. 1091). Dans la lignée de cette jurisprudence, le Conseil d'État avait par exemple jugé qu'une entreprise dont la candidature avait été écartée en raison de l'insuffisance de ses références était recevable à invoquer des manquements aux obligations de publicité et de mise en concurrence relatifs à la phase de sélection des offres, alors que de tels manquements non seulement n'avaient pas été commis à son détriment, mais avaient été, par construction, insusceptibles de lui causer le moindre préjudice (20 oct. 2006, *Syndicat des eaux de Charente-Maritime*, n° 278601, T. p. 1077). Symétriquement, combinée avec la jurisprudence conduisant à regarder la plupart des omissions ou erreurs dans les mentions devant figurer dans les avis d'appel public à la concurrence comme constitutives de manquements aux obligations de publicité et de concurrence (v. par exemple 2 juin 2004, *Ville de Paris et Société Polyurbaine*, n° 261060, T. p. 622 ; 19 sept. 2007, *Service départemental d'incendie et de secours du Nord*, n° 298294), cette conception objective du référé précontractuel permettait aux entreprises requérantes de se prévaloir de ces omissions ou erreurs, alors même que celles-ci ne les avaient pas empêché de présenter leur offre.

Le Conseil d'État a décidé de profondément modifier cet état du droit. Se fondant sur une interprétation de la seconde condition posée par l'article L. 551-1 du code de justice administrative plus proche de la lettre du texte, il a jugé que les personnes habilitées à agir devant le juge des référés précontractuels pour mettre fin aux manquements du pouvoir adjudicateur à ses obligations de publicité et de mise en concurrence sont celles susceptibles d'être lésées par de tels manquements. Il en a déduit qu'il appartient au juge des référés précontractuels de rechercher si l'entreprise qui le saisit se prévaut de manquements qui, eu égard à leur portée et au stade de la procédure auquel ils se rapportent, sont susceptibles de l'avoir lésée ou risquent de la léser, fût-ce de façon indirecte en avantageant une entreprise concurrente.

La principale inflexion réside donc dans l'abandon du principe selon lequel une entreprise candidate à l'obtention d'un marché peut se prévaloir devant le juge du référé précontractuel de tout manquement aux obligations de publicité et de mise en concurrence même s'il n'a pas été commis à son détriment. Cette jurisprudence est à rapprocher de celle de la Cour de justice des Communautés européennes : alors que l'article 1 §2 de la directive 89/665/CEE du 21 décembre 1989, non modifié sur ce point par la directive 2007/66/CE du 11 décembre 2007 dite « directive recours », fait obligation aux États membres de rendre les procédures de recours accessibles « au moins à toute personne ayant ou ayant eu intérêt à obtenir un marché public (...) déterminé et ayant été ou risquant d'être lésée par une violation alléguée », la Cour, qui procède à une lecture cumulative des deux conditions ainsi posées, a admis que l'instance compétente puisse rejeter un recours au motif que le requérant n'a pas été lésé par la violation qu'il allègue (19 juin 2003, *Werner Hackermüller*, aff. C-249/01).

En indiquant que c'est eu égard à la portée des manquements invoqués et au stade de la procédure auquel ils se rapportent qu'il revient au juge des référés d'apprécier si ces manquements sont susceptibles d'avoir lésé l'entreprise requérante ou risquent de la léser, le Conseil d'État a précisé l'office du juge dans le cadre de cette nouvelle conception des référés administratifs précontractuels. Les critères ainsi définis excluent la possibilité, pour une entreprise requérante, d'invoquer des irrégularités purement formelles dans la procédure de publicité et de mise en concurrence. De même, une entreprise requérante ne pourra plus se prévaloir de manquements qui, compte tenu du stade de la procédure auxquels ils se rapportent, apparaissent insusceptibles de l'avoir lésée et ne risquent pas de la léser. Ainsi que l'illustre la décision, c'est le cas de manquements se rapportant à une phase de la procédure antérieure à la sélection de son offre, lorsque la société requérante a vu sa candidature admise et a présenté une offre correspondant à l'objet du marché qui n'a finalement pas été retenue.

NATURE ET ENVIRONNEMENT

2006

● Communauté d'agglomération de Montpellier

Sect., 27 sept. 2006 [n° 269553]

Les dispositions de l'article 24 du décret n° 77-1133 du 21 septembre 1977 pris pour l'application de la loi n° 76-663 du 19 juillet 1976 relative aux installations classées pour la protection de l'environnement, qui prévoient que l'autorisation d'une installation classée cesse de produire effet lorsque l'installation classée n'a pas été mise en service dans le délai de trois ans ou n'a pas été exploitée durant deux années consécutives, sauf cas de force majeure excluant qu'une telle autorisation puisse être frappée de caducité partielle.

Par un arrêté du 31 décembre 2003, le préfet de l'Hérault avait autorisé la communauté d'agglomération de Montpellier à poursuivre l'exploitation d'un centre de stockage de déchets. La difficulté provenait de ce que la commune, aux droits de laquelle venait la communauté d'agglomération de Montpellier, avait été autorisée en 1967 à exploiter un dépôt d'ordures ménagères sur le même ensemble de terrains et avait choisi de ne pas utiliser la totalité de ces terrains mais d'aménager un jardin public sur 12 des 52 hectares concernés. La communauté d'agglomération pouvait-elle dès lors, sur le fondement de l'habilitation initiale complétée en 2002, étendre la décharge à ces 12 hectares ou avait-elle besoin d'une nouvelle autorisation pour effectuer cette extension ? Cette question soulevée à l'occasion d'un recours introduit par une association locale contre l'arrêté préfectoral de 2002 revenait à se demander si la circonstance qu'une autorisation n'ait été que partiellement exécutée entraîne sa caducité partielle.

Certains arguments militaient en ce sens. Ainsi, une autorisation d'installation classée est dans certains cas divisible, ce qui pouvait conduire à envisager une appréciation différente pour des zones distinctes mais toutes concernées par une même autorisation initiale. La divisibilité d'un acte administratif, y compris sur le plan spatial, ne soulève en effet pas de difficulté de principe comme le Conseil d'État l'a déjà jugé s'agissant du décret classant un site (22 janv. 1971, *Dame Benoist d'Anthenay*, n° 75820, p. 67), d'un plan d'occupation des sols (15 mai 1987, *Ville de Levallois-Perret*, n° 59318, T. p. 1006), ou encore d'un schéma directeur d'aménagement et d'urbanisme (22 fév. 2002, *Association du Camp de César*, n° 224624, T. p. 581).

De plus, il pouvait apparaître d'autant plus justifié de tirer toutes les conséquences de la divisibilité, y compris par la caducité partielle d'une autorisation, que les installations classées relèvent non pas du juge de l'excès de pouvoir mais d'un contentieux de pleine juridiction. Dans ce cadre, le juge a la faculté de procéder lui même, directement, à une modification de l'acte attaqué, par exemple en réformant le périmètre de l'autorisation ou en modulant ses prescriptions.

Enfin, le caractère souverain de l'appréciation portée par les juges du fond sur le caractère divisible d'un acte administratif pouvait inciter à regarder la question de la caducité partielle comme étant liée à une appréciation factuelle que le juge de cassation n'a pas à censurer, sauf dénaturation.

La Section du contentieux a considéré que des arguments plus puissants plaidaient pour l'absence de caducité partielle. D'une part, les autorisations d'installations classées sont en réalité difficilement divisibles au regard de la problématique particulière de la caducité. En effet, une autorisation est accordée pour une installation précise. Celle-ci peut comporter des sites distincts sur le plan géographique, mais cette pluralité n'a pas de traduction sur le plan juridique. Il n'existe qu'un seul et même acte d'autorisation qui correspond à une seule et même installation. Il apparaît d'ailleurs peu souhaitable pour le juge de contrôler la manière dont l'exploitant définit l'organisation interne de son installation et le déroulement dans le temps de son activité. Et il serait sans doute déraisonnable d'obliger le bénéficiaire de l'autorisation à exploiter en même temps la totalité des bâtiments et des terrains concernés.

D'autre part, le mécanisme de caducité, par sa nature, s'écarte des principes habituels d'application dans le temps des actes administratifs et doit rester exceptionnel. En effet, il est dérogatoire tant par rapport au principe selon lequel la validité d'un acte administratif s'apprécie à la date à laquelle il a été pris, puisque c'est une circonstance postérieure à son édiction qui vient rétrospectivement remettre en cause sa validité, que par rapport au principe selon lequel un fait ne peut entraîner l'extinction d'un acte juridique.

Enfin, une conception trop large de la caducité aurait risqué de renforcer la précarité des droits des bénéficiaires de ces autorisations. La caducité partielle serait d'ailleurs d'autant moins justifiée qu'elle ne répond pas à la finalité première du mécanisme de caducité qui est la sanction de la négligence. De plus, elle se heurterait à de sérieuses difficultés d'application, notamment s'agissant du seuil à partir duquel la caducité partielle serait justifiée.

La Section du contentieux a donc estimé que la caducité, parce qu'elle porte atteinte à la sécurité juridique, ne doit intervenir que pour des faits objectifs, clairs et indiscutables. L'échelonnement dans le temps et dans l'espace de l'exploitation d'une déchetterie ne lui a pas semblé remplir ces conditions et elle a jugé en l'espèce que la circonstance qu'une décharge a cessé de fonctionner depuis 1983 sur une partie des parcelles visées par l'autorisation initiale d'exploitation n'entraîne pas à elle seule la caducité de l'autorisation pour ces parcelles.

● Commune d'Issy-Les-Moulineaux

Sect., 13 déc. 2006 [n° 264115]

Une commune qui se borne à invoquer son appartenance au ressort territorial sur lequel une association agréée pour la protection de l'environnement exerce son activité, ne justifie pas d'un intérêt suffisamment direct de nature à lui permettre de contester l'arrêté

préfectoral portant agrément pour la protection de l'environnement de l'association en cause.

Cette décision a permis au Conseil d'État de compléter le cadre jurisprudentiel du contentieux relativement rare de la contestation de l'agrément pour la protection de l'environnement délivré, sur le fondement de l'article L. 252-1 du code rural repris à l'article L. 141-1 du code de l'environnement, à certaines associations ayant pour objet la protection de l'environnement. Cet agrément est accordé aux associations qui remplissent des conditions tenant à leur durée d'existence (trois ans minimum dans le domaine concerné), au caractère effectif de leur activité et à leur représentativité, appréciée principalement au regard du nombre de membres cotisants. L'agrément ouvre notamment la possibilité aux associations bénéficiaires de participer à l'action des organismes publics concernant l'environnement (art. L. 252-2 du code rural, repris à l'art. L. 141-2 du code de l'environnement) et d'être consultées, à leur demande, au cours de l'élaboration des documents d'urbanisme (art. L. 121-5 du code de l'urbanisme). Par ailleurs, une association agréée bénéficie d'une présomption d'intérêt pour agir devant le juge administratif contre toute décision administrative, dès lors que celle-ci a un rapport direct avec son activité statutaire et qu'elle produit des effets dommageables pour l'environnement sur tout ou partie de son ressort territorial. Elle peut également se porter partie civile dans certains cas limitativement prévus par les textes. L'agrément a donc pour objet de faire des associations qui en bénéficient des interlocuteurs institutionnels des pouvoirs publics en matière d'environnement et d'urbanisme.

En l'espèce, la commune d'Issy-Les-Moulineaux contestait l'agrément délivré par le préfet des Hauts-de-Seine à une association qui exerçait son activité sur un périmètre géographique incluant le territoire de la commune, au motif que l'association, dont elle mettait en cause l'impartialité, aurait un « pouvoir d'obstruction » sur ses choix d'aménagement. La commune, qui avait été consultée par le préfet, invoquait, pour justifier son intérêt pour agir, son appartenance au ressort territorial de l'association.

Saisi en cassation, le Conseil d'État a estimé qu'une commune qui se borne à invoquer, outre des considérations générales, sa seule qualité de commune dont le territoire est inclus dans le ressort géographique d'une association, ne justifie pas d'un intérêt suffisamment direct de nature à lui permettre de contester l'agrément délivré à l'association en cause. Après avoir relevé que la consultation du maire de la commune, à laquelle le préfet n'était pas tenu, ne saurait caractériser à elle seule l'intérêt à agir de la commune, la Section du contentieux a fait application du critère du caractère suffisamment direct et certain de la lésion des intérêts du requérant pour apprécier l'intérêt invoqué par la commune (Sect., 14 fév. 1958, *Abisset*, n° 7715, p. 98). Elle a constaté que la décision portant délivrance de l'agrément n'avait pas pour effet, par elle-même, de susciter des recours contentieux contre les décisions de la commune et ne portait pas, par suite, une atteinte suffisamment directe et certaine aux intérêts de la commune.

Ainsi que le précise la décision, cette solution n'a pas pour effet de soustraire l'agrément à tout recours contentieux, mais refuse de reconnaître de manière générale et absolue, un intérêt pour toute collectivité publique à contester l'agrément d'une association pour la protection de l'environnement sur un simple critère d'identité territoriale.

2007

● Groupement d'irrigation des prés de la Forge et autres

Sect., 21 déc. 2007 [n° 280195]

En raison des procédures particulières auxquelles sont soumis les installations et ouvrages entrant dans le champ d'application de l'article 10 de la loi sur l'eau, l'exercice d'un recours administratif, qu'il soit gracieux ou hiérarchique, contre une décision relative à l'un de ces ouvrages, n'a pas pour effet d'interrompre le délai de recours contentieux.

La jurisprudence reconnaît traditionnellement que, sauf législation spéciale ayant créé des procédures particulières, les particuliers ont toujours la faculté de porter d'abord leur réclamation contre un acte administratif devant l'auteur de cet acte ou devant le ministre, supérieur hiérarchique, et de ne se pourvoir par la voie contentieuse que lorsque cette réclamation a été rejetée (Sect., 23 mars 1945, *Vinciguerra*, n° 54618, p. 56). Le recours administratif conserve, dans ce cas, le délai de recours contentieux, qui ne commence à courir qu'après qu'une décision statuant sur le recours administratif est intervenue.

Une exception concerne les procédures particulières relatives aux installations classées. Ces dernières font obstacle à la conservation du délai de recours contentieux par l'exercice d'un recours administratif, tant sous l'empire de la loi du 19 décembre 1917 (16 fév. 1940, *Société de pyrotechnie du Sud-Est*, n° 64471, p. 64) que sous celui de la loi du 19 juillet 1976 (19 mars 1993, *Ollitrault*, n° 122012, p. 78). Par sa décision *Groupement d'irrigation des prés de la Forge et autres*, la Section du contentieux confirme ce principe pour les installations et ouvrages soumis à la loi n° 92-3 du 3 janvier 1992 sur l'eau, et entrant notamment dans le champ du I de l'article 10 de cette loi, aujourd'hui codifié à l'article L. 214-1 du code de l'environnement. La Section a précisé les deux séries de considérations qui conduisent à écarter cette conservation du délai pour le contentieux relatif à ces installations. D'une part, les procédures applicables associent le demandeur ou l'exploitant à différentes étapes préparatoires à la décision, en le mettant à même de faire valoir ses observations en toute connaissance de cause avant l'intervention de celle-ci. D'autre part, ces procédures, figurant notamment aux articles L. 214-10 et L. 514-6 du code de l'environnement, confient au juge administratif des pouvoirs étendus de pleine juridiction, lui imposant de statuer en fonction des éléments de la cause tels que ceux-ci se présentent au moment où il se prononce et, le cas échéant, de substituer son appréciation à celle de l'administration s'agissant des décisions à prendre et des prescriptions dont elles peuvent être assorties.

Toutefois en l'espèce, l'arrêté préfectoral litigieux mentionnait de façon erronée que celui-ci était susceptible de faire l'objet, soit d'un recours gracieux, soit d'un recours hiérarchique, prorogeant dans les deux cas le délai de recours contentieux. Le Conseil d'État a estimé que dans ces circonstances particulières, eu égard aux garanties nécessaires à l'exercice effectif du droit au recours, l'exercice d'un recours gracieux par les requérants avait pu conserver le délai de recours contentieux.

OUTRE-MER

2006

● Commune de Papara et Sandras

Sect., 1er fév. 2006 [n° 296584]

Le Conseil d'État précise le régime contentieux des « lois du pays » de Polynésie française au regard tant de la recevabilité des recours que de l'inclusion dans une « loi du pays » de dispositions à caractère réglementaire.

En vertu de l'article 74 de la Constitution, les articles 139 et suivants de la loi organique n° 2004-192 du 27 février 2004 portant statut d'autonomie de la Polynésie française ont déterminé le régime des « lois du pays », qui sont des actes adoptés par l'assemblée de la Polynésie française en certaines matières, relevant du domaine de la loi mais ressortissant à la compétence de la Polynésie ou pris au titre de la participation de la Polynésie aux compétences de l'État. Les articles 176 et suivants de la loi organique déterminent le mode de contrôle juridictionnel spécifique exercé par le Conseil d'État sur ces lois du pays. A cet égard, le législateur organique a fait référence, sur certains points, au régime du recours pour excès de pouvoir. Sur d'autres points, le régime contentieux présente des analogies avec le contrôle exercé par le Conseil constitutionnel sur les lois du pays en Nouvelle-Calédonie, voire avec le contrôle de constitutionnalité qu'il peut exercer sur les lois sur le fondement de l'article 61 de la Constitution.

En ce qui concerne la question de la recevabilité, la Section du contentieux du Conseil d'État a dû apprécier l'intérêt pour agir d'un membre de l'assemblée de la Polynésie qui souhaitait en cette qualité former un recours contentieux contre une « loi du pays ».

Le paragraphe I de l'article 176 de la loi organique précise le mode de saisine du Conseil d'État par certaines personnalités qualifiées dont six représentants à l'assemblée de la Polynésie française. La Section du contentieux a jugé que la qualité de représentant à cette assemblée ne donnait pas d'intérêt à agir contre une « loi du pays », les dispositions expresses de la loi organique exigeant qu'un recours exercé par voie d'action par des représentants à l'assemblée de la Polynésie française émane d'au moins six d'entre eux. Le Conseil d'État a néanmoins estimé le recours recevable car le requérant déclarait agir au nom de la commune dont il était maire. Or, il est prévu par l'article 176 que le Conseil d'État puisse être saisi d'une « loi du pays » polynésienne par des personnes physiques et morales. En tant que la commune en question était concernée par les dispositions de la « loi du pays » litigieuse et que le requérant avait été habilité par la commune à intenter un recours en son nom, il avait donc qualité pour agir.

En ce qui concerne les moyens à relever d'office dans le cadre du contentieux des « lois du pays », la Section du contentieux a estimé qu'il convenait de s'en tenir, pour les « lois du pays » de Polynésie, à la conception des moyens d'ordre public telle qu'elle est appliquée pour les recours en excès de pouvoir. Le Conseil d'État a donc choisi de ne pas se reconnaître le même office que le Conseil constitutionnel qui, quand il est saisi en qualité de juge de la constitutionnalité des lois en vertu de l'article 61 de la Constitution, se réserve la possibilité d'examiner d'office toute question de constitutionnalité.

Deux motifs ont déterminé ce choix. D'une part, le législateur organique a expressément renvoyé à la procédure contentieuse applicable en matière d'excès de pouvoir. D'autre part, l'étendue et la variété des normes susceptibles d'être opposées aux « lois du pays » polynésiennes sont plus grandes que celles des normes qu'applique le Conseil constitutionnel dans le cadre du contrôle prévu par l'article 61 de la Constitution, parce que la loi organique du 27 février 2004 a énoncé explicitement qu'entraient dans le bloc normatif utilisé par le Conseil d'État pour exercer son contrôle sur les « lois du pays » polynésiennes non seulement la Constitution ou les lois organiques mais aussi les engagements internationaux de la France et les principes généraux du droit. Un champ de normes de référence aussi vaste ne permettait pas d'envisager un contrôle exercé d'office et tous azimuts par le juge. Le Conseil d'État a donc choisi de s'en tenir, pour l'essentiel, à l'examen des questions soulevées par les parties et débattues dans le cadre de l'instruction contradictoire.

Enfin, en ce qui concerne la question de l'empiètement d'une « loi du pays » polynésienne sur le domaine de compétence des autorités de la collectivité détentrice du pouvoir réglementaire, la Section du contentieux a estimé que la jurisprudence du Conseil constitutionnel sur les rapports, au plan national, entre loi et règlement pouvait être transposée. L'analogie apparaît légitime, dans la mesure où l'article 140 de la loi organique relative à la Polynésie fait directement référence, pour définir le domaine des « lois du pays », au domaine de la loi de la République tel qu'il résulte de l'article 34 de la Constitution : selon l'article 140, sont des « lois du pays » les actes adoptés par l'assemblée de Polynésie qui, « relevant du domaine de la loi », interviennent dans les domaines de compétence de la collectivité et dans certaines matières énumérées.

Or, le Conseil constitutionnel juge que, par ses articles 34 et 37, la Constitution n'a pas entendu frapper d'inconstitutionnalité une disposition de nature réglementaire contenue dans la loi. C'est la ligne de la décision n° 82-143 DC du 30 juillet 1982, qui n'a jamais été remise en cause par la suite, même en 2005 lorsque le Conseil constitutionnel a entendu stigmatiser l'insertion dans une loi de dispositions ayant « à l'évidence » un caractère réglementaire (n° 2005-512 DC du 12 avril 2005).

Il a donc été jugé que l'empiètement d'une « loi du pays » sur la compétence des autorités du territoire investies du pouvoir réglementaire n'est jamais susceptible de faire l'objet d'une déclaration d'illégalité.

● M. Genelle

Sect., 13 déc. 2006 [n° 279323]

La Nouvelle-Calédonie n'est pas une collectivité territoriale régie par le titre XII de la Constitution dès lors qu'elle n'est régie que par son titre XIII, qui lui est spécifiquement consacré.

Après avoir demandé et obtenu sa mise à la retraite par anticipation, M. Genelle, médecin-chef du service de santé des armées, avait continué à exercer les fonctions de praticien hospitalier dans le cadre d'un contrat à durée déterminée conclu avec le centre hospitalier territorial de Nouméa. Le ministre de l'économie, des finances et de l'industrie avait alors décidé de suspendre le versement de sa pension de retraite au motif que les articles L. 84 et L. 86-1 du code des pensions civiles et militaires de retraite, dans leur rédaction issue de la loi n° 2003-775 du 21 août 2003 portant réforme des retraites, interdisent le cumul d'une telle pension avec les revenus d'activité versés, d'une part, par les collectivités territoriales et leurs établissements publics, d'autre part, par les établissements mentionnés à l'article L. 6141-2 du code de la santé publique.

Saisi en premier ressort de ce litige relatif à la situation d'un fonctionnaire nommé par décret du Président de la République, le Conseil d'État a fait droit à la demande de M. Genelle par une décision en date du 13 décembre 2006, qui procède par un raisonnement en deux temps.

La Section du contentieux a d'abord indiqué qu'aucune disposition expresse ne prévoyait l'application du code de la santé publique sur le territoire de la Nouvelle Calédonie. Or il résulte du principe de spécialité législative que sauf le cas des lois de souveraineté, auxquelles les articles L. 84 et L. 86-1 du code des pensions civiles et militaires de retraite ne pouvaient être rattachés, les lois adoptées par le Parlement national ne sont applicables en Nouvelle-Calédonie qu'à la condition de le prévoir expressément. Le Conseil d'État en a déduit que le centre hospitalier territorial de Nouméa ne pouvait être au nombre des établissements visés par l'article L. 6141-2 du code de la santé publique.

La Section du contentieux a ensuite relevé, d'une part, que la Nouvelle-Calédonie n'est pas régie par le titre XII de la Constitution relatif aux collectivités territoriales de la République, mais par un titre XIII qui lui est spécifiquement dédié, d'autre part, que son organisation et ses compétences sont fixées, conformément aux stipulations de l'accord signé à Nouméa le 5 mai 1998, par la loi organique n° 99-209 du 19 mars 1999, qui ne la qualifie pas de collectivité territoriale. Sur ce fondement, elle a estimé que le centre hospitalier territorial de Nouméa n'était pas au nombre des établissements que le législateur avait entendu désigner en mentionnant, dans la loi du 21 août 2003, « les collectivités territoriales et leurs établissements publics ».

Ce faisant, le Conseil d'État répond par la négative à la question, très débattue par la doctrine, de savoir si la Nouvelle-Calédonie constitue une collectivité territoriale au sens du titre XII de la Constitution. De manière implicite, il indique également qu'il renonce à la solution qui aurait consisté à faire prévaloir une lecture extensive de l'article L. 86-1 du code des pensions civiles et militaires de retraite, c'est-à-dire à affirmer que, par la référence aux « collectivités territoriales » et à leurs « établissements publics », la loi entendait viser l'ensemble des employeurs publics locaux dotés d'une mission administrative. De la sorte, la Section du contentieux confirme une ligne jurisprudentielle, dégagée au sujet des catégories mentionnées par certains articles du code des pensions civiles et militaires de retraite, selon laquelle le juge administratif ne dispose, lorsque le législateur a procédé par énumération, que d'un pouvoir d'interprétation limité, qui l'empêche de s'abstraire des termes de la loi (7 déc. 1983, *Mme Vaslot*, n° 38426, p. 485).

POLICE ADMINISTRATIVE

2007

● Verdier

Sect., 31 janv. 2007 [n° 295396]

Ni les dispositions de l'article L. 223-3 du code de la route, dans sa rédaction résultant de la loi du 12 juin 2003 renforçant la lutte contre la violence routière, ni celles de l'article R. 223-3 du même code n'exigent que le conducteur soit informé du nombre exact de points susceptibles de lui être retirés, dès lors que la qualification de l'infraction qui lui est reprochée est dûment portée à sa connaissance.

Lorsque le titulaire d'un titre de conduite est sanctionné pour avoir méconnu certaines règles du code de la route, il doit normalement être informé des conséquences qui s'attachent au paiement de l'amende forfaitaire ou à la procédure judiciaire qui s'engage. Le contenu de cette information est défini aux articles L. 223-3 et R. 223-3 du code de la route. Ces derniers ont fait l'objet de modifications dont la portée a pu créer un doute, ce qui a conduit un tribunal administratif à soumettre au Conseil d'État la question de savoir si, dans leur nouvelle rédaction, ces dispositions imposaient encore que l'information délivrée par l'agent verbalisateur (ou par l'avis de contravention envoyé au domicile du titulaire du titre en cas de sanction automatisée) porte sur le nombre précis de points dont la perte est encourue en fonction de l'infraction en cause, ou si une information sur le principe d'un retrait était suffisante. L'administration a modifié, en 2003, les modèles de procès-verbaux qu'elle utilise et n'informe plus depuis du nombre précis des points retirés, une circulaire ministérielle du 11 mars 2004 relative au régime général du permis à points et au permis probatoire ayant expressément indiqué aux services qu'il n'était plus nécessaire d'informer sur le quantum des points perdus.

L'information préalable du conducteur, notamment de la possibilité qui lui est ouverte d'accéder à un tribunal pour contester les faits – auxquels il acquiesce en cas de paiement – a été reconnue par le Conseil d'État comme une garantie essentielle dont l'accomplissement régulier est une condition de la légalité des retraits de points (avis *Charton* du 22 novembre 1995, n° 171045, p. 421 ; avis *Rouxel* du 27 septembre 1999, n° 208242, p. 280) et par la Cour européenne des droits de l'homme dans un arrêt du 23 septembre 1998, *Malige c/ France* (n° 27812/95, Rec. 1998-VII ; voir notamment son paragraphe 47 qui mentionne l'information préalable parmi les éléments qui assurent la compatibilité du dispositif avec l'article 6 §1 de la convention européenne de sauvegarde des droits de l'homme et des libertés fondamentales).

Avant l'entrée en vigueur de la loi n° 2003-495 du 12 juin 2003, l'article L. 223-3 prévoyait l'obligation d'informer l'intéressé « du retrait de points qu'il est susceptible d'encourir, de l'existence d'un traitement automatisé de ces points et de la possibilité pour lui d'y accéder », tandis que l'article R. 223-3 disposait que l'auteur de l'infraction devait être informé « qu'il encourt le retrait d'un certain nombre de points (...) ». Ces formulations impliquaient assez certainement que les services verbalisateurs devaient porter à la connaissance de l'intéressé le nombre de points dont il encourait le retrait (16 juin 1997, *Ministre de l'intérieur c/ Montel*, n° 168292, T. p. 973).

La nouvelle rédaction de l'article L. 223-3 dispose que « lorsqu'il est fait application de la procédure de l'amende forfaitaire ou de la procédure de composition pénale, l'auteur de l'infraction est informé que le paiement de l'amende ou l'exécution de la composition pénale entraîne le retrait du nombre de points correspondant à l'infraction reprochée, dont la qualification est dûment portée à sa connaissance ». Le décret n° 2003-642 du 11 juillet 2003 a, quant à lui, modifié l'article R. 223-3 du code pour remplacer les mots « le retrait d'un certain nombre de points » par les mots « un retrait de points ».

Le Conseil d'État a considéré qu'eu égard à ces modifications, il n'était plus nécessaire d'informer sur le quantum de la perte de points. Les services verbalisateurs peuvent donc se borner, lorsqu'ils constatent une infraction, à porter la mention « oui » dans la case prévue à cet effet dans les formulaires utilisés. L'information doit en revanche porter sur l'existence d'un traitement automatisé des points, ainsi que sur la possibilité d'exercer un droit d'accès conformément aux articles L. 225-1 à L. 225-9 du code de la route. Dans les cas où il est fait application de la procédure de l'amende forfaitaire ou de la procédure de la composition pénale, la personne contrevenante doit au surplus être informée que le paiement de l'amende ou l'exécution de la composition pénale établit la réalité de l'infraction, dont la qualification lui est précisée, et entraîne un retrait de points correspondant à cette infraction.

PROCÉDURE CONTENTIEUSE (HORS RÉFÉRÉ)

2006

● Société Leroy Merlin

Sect., 10 mars 2006 [n° 278220]

Sous réserve du cas où, en raison tant des missions conférées à un ordre professionnel qu'à son organisation à l'échelon local et au plan national, les dispositions législatives ou réglementaires prévoyant devant les instances ordinales une procédure obligatoire de recours administratif préalablement à l'intervention d'une juridiction doivent être interprétées comme s'imposant alors à peine d'irrecevabilité du recours contentieux à toute personne justifiant d'un intérêt lui donnant qualité pour introduire ce recours contentieux, une procédure de recours administratif préalable n'est susceptible de s'appliquer qu'aux personnes qui sont expressément énumérées par les dispositions qui en organisent l'exercice.

Par une décision *Louis* (n°s 266208 et 266210, p. 401) relative à l'inscription au tableau des vétérinaires, adoptée le 28 septembre 2005 en sous-sections réunies, le Conseil d'État avait précisé que, même si les dispositions législatives ou réglementaires régissant une procédure de recours administratif préalable obligatoire énumèrent limitativement les personnes susceptibles de le former, cette procédure s'appliquait à toute personne justifiant d'un intérêt lui donnant qualité pour introduire ce recours.

La décision *Louis* avait le mérite de simplifier la gestion d'un régime contentieux où coexistent des voies d'accès au juge différentes pour contester la même décision administrative. Ainsi, lorsque le recours administratif est imposé au destinataire de la décision administrative mais pas au tiers intéressé, et que la décision prise sur recours l'est par un organisme collégial à compétence nationale, le Conseil d'État est conduit à intervenir à la fois en tant que juge de cassation lorsque le requérant initial est un tiers ayant saisi directement le tribunal administratif, et comme juge de l'excès de pouvoir en premier et dernier ressort lorsque le requérant initial est le destinataire de la décision.

La décision du 10 mars 2006, *Société Leroy Merlin*, ne remet pas en cause l'apport de la décision *Louis* en ce qu'elle concerne le contentieux des décisions administratives prises par les ordres professionnels, c'est-à-dire principalement les décisions d'inscription au tableau, « en raison tant des missions conférées à un ordre professionnel qu'à son organisation à l'échelon local et au plan national ».

En revanche, la Section du contentieux n'a pas souhaité conserver à la décision *Louis* sa portée plus générale.

Elle était saisie d'un litige relatif à une autorisation d'équipement commercial. En la matière, les décisions des commissions départementales d'équipement commercial doivent être précédées, préalablement à tout recours contentieux, d'un recours préalable devant la Commission nationale d'équipement commercial, mais seulement lorsque la contestation émane de certaines personnes limitativement énumérées par l'article L. 720-10 alors en vigueur du code de commerce (le préfet, le demandeur de l'autorisation ou deux membres de la commission départementale).

Or, la règle jurisprudentielle générale était plutôt orientée dans le sens que lorsque le recours administratif est obligatoire pour certaines personnes seulement, cette obligation n'est pas étendue aux autres intéressés. Cette règle avait d'ailleurs été appliquée au contentieux de l'équipement commercial dans une décision du 6 janvier 1989, *SCI Aménagement Ajaccio-Mezzavia* (n° 102708, T. p. 498) : interprétant strictement les dispositions législatives, cette décision affirme que les tiers qui sont susceptibles de contester la décision de la commission départementale d'équipement commercial sont recevables à saisir directement la juridiction administrative.

De plus, l'instauration d'un mécanisme de recours administratif préalable en matière d'autorisation d'installation de surfaces commerciales avait pour objet de donner une « deuxième chance » aux demandeurs qui se seraient vu opposer un refus en raison d'oppositions purement locales. La rédaction de l'article L. 720-10 alors en vigueur du code de commerce comme les travaux préparatoires de la loi n° 73-1193 dite « Royer » du 27 décembre 1973 et de ses modifications, dont cet article est issu, ne laissaient place à aucun doute sur la volonté du législateur de réserver la saisine de la commission nationale aux seules personnes expressément désignées par le texte.

Ainsi le Conseil d'État a-t-il jugé qu'une procédure de recours administratif préalable n'est susceptible de s'appliquer qu'aux personnes qui sont expressément énumérées par les dispositions qui en organisent l'exercice. Seul fait exception à cette règle le cas où, en raison tant des missions conférées à un ordre professionnel qu'à son organisation à l'échelon local et au plan national, les dispositions législatives ou réglementaires prévoient un recours administratif préalable obligatoire devant les instances ordinales : ces dispositions doivent alors être interprétées comme s'imposant à peine d'irrecevabilité du recours contentieux à toute personne justifiant d'un intérêt lui donnant qualité pour introduire ce recours contentieux.

● Centre hospitalier régional de Nice

Sect., 7 avr. 2006 [n° 249848]

Lorsqu'un requérant obtient du juge des référés la prescription d'une expertise, il peut demander à bénéficier du remboursement des frais exposés et non compris dans les dépens.

Par cette décision, la Section du contentieux du Conseil d'État tranche deux questions inédites de procédure. Elle a jugé en premier lieu qu'un référé expertise constituait bien une instance au sens des articles L. 8-1 du code des tribunaux administratifs et des cours administratives d'appel – aujourd'hui abrogé – et L. 761-1 du code de justice administrative, et ouvrait donc droit, pour la partie qui n'est pas perdante, au remboursement des frais exposés et non compris dans les dépens. Une solution identique avait déjà été dégagée par le Conseil d'État s'agissant du référé provision (10 fév. 1997, *Société d'économie mixte d'équipement et d'aménagement de l'Aude*, n° 115608, T. p. 999). Toute instance, qu'elle soit de référé ou de fond, engendre en effet ses propres frais. Il est donc logique de pouvoir présenter des conclusions tendant au remboursement de ces frais au cours de chaque instance.

La Section a précisé en second lieu la notion de partie perdante qui fait l'objet, en cassation, d'un contrôle de qualification juridique. Elle a ainsi jugé que la circonstance qu'une partie indique, au cours de l'instance, qu'elle n'entendait pas s'opposer à la mesure d'expertise, est sans incidence sur la qualification de partie perdante. Est également sans incidence la circonstance que le juge des référés n'ait pas fait droit aux autres conclusions du demandeur tendant à l'octroi d'une provision : la partie perdante est celle qui perd « pour l'essentiel » (13 mars 1992, *Ministre de l'agriculture et de la forêt c/ groupement foncier agricole de la Noë*, n° 106680, T. p. 1229). En effet, l'objet des dispositions de l'article L. 8-1 du code des tribunaux administratifs et des cours administratives d'appel, reprises à l'article L. 761-1 du code de justice administrative, est de permettre l'indemnisation de la personne qui a dû s'adresser à une juridiction pour faire valoir ses droits, dès lors qu'elle a obtenu une mesure utile pour y parvenir.

● Mme Bisson

Sect., 5 mai 2006 [n° 280223]

Les actions indemnitaires dont les conclusions n'ont pas donné lieu à une évaluation chiffrée dans la requête introductive d'instance devant le tribunal administratif entrent dans le champ des dispositions du 7° de l'article R. 222-13 et du deuxième alinéa de l'article R. 911-1 du code de justice administrative et sont donc jugées par un juge unique devant le tribunal administratif, dont le jugement n'est susceptible que d'un recours en cassation. Toutefois, ces dispositions ne s'appliquent pas quand le requérant, dans sa requête introductive d'instance, a expressément demandé qu'une expertise soit ordonnée afin de déterminer l'étendue de son préjudice, en se réservant de fixer le montant de sa demande au vu du rapport de l'expert.

Il résulte des dispositions de l'article R. 811-1 du code de justice administrative, dans sa rédaction issue du décret n° 2003-543 du 24 juin 2003, que le tribunal administratif statue en premier et dernier ressort sur les litiges relevant des catégories mentionnées à l'article R. 222-13 du même code, qui sont ceux pour lesquels un juge unique peut statuer.

Une difficulté, toutefois, est née de ce que le décret de 2003 renvoyait en matière indemnitaire au montant déterminé par les articles R. 222-14 et R. 222-15 du même code, ce qui aboutissait à fonder la compétence du juge unique sur les sommes demandées dans la requête introductive d'instance. Or, si cette approche paraissait adaptée pour régler cette question de compétence, elle présente de nombreux inconvénients en ce qui concerne la détermination des voies de recours. Il arrive en effet souvent que les demandes sur lesquelles le juge devra finalement statuer excèdent sensiblement celles qui figuraient dans la requête introductive d'instance. Que faire si le montant prévu à l'article R. 222-15 se trouve franchi en cours d'instance devant le tribunal ?

La première solution consistait à juger que les actions indemnitaires dont les conclusions n'ont pas donné lieu à une évaluation chiffrée dans la requête introductive d'instance devant le tribunal administratif ne peuvent être regardées comme tendant au versement d'une somme supérieure au montant indiqué à l'article R. 222-14 (actuellement 10 000 euros). Elles entrent dès lors dans le champ des dispositions du 7° de l'article R. 222-13 et du deuxième alinéa de l'article R. 811-1 du code de justice administrative et sont en conséquence jugées par un juge unique devant le tribunal administratif, le jugement rendu par ce dernier n'étant susceptible que d'un recours en cassation (20 oct. 2004, *Chalot*, n° 267440, T. p. 639). Cette solution avait le double avantage d'être simple d'application et réaliste quant à la nature des requêtes soumises : lorsque le dommage n'est pas chiffré, l'affaire est rarement d'importance. Mais cette solution était porteuse d'un double risque. Elle revenait à dissocier la détermination des voies de recours du montant de la demande sur laquelle le juge aura effectivement statué. Ainsi, un litige portant sur des dommages de grande gravité aurait parfois pu être réglé sans possibilité d'appel. Par ailleurs, une omission commise par le seul requérant aurait pu priver le défendeur d'un appel.

La deuxième solution aurait consisté à tirer du fait que le cas des requêtes non chiffrées n'est pas expressément réglé par les dispositions du code la conséquence que ces requêtes n'entrent pas dans le champ de l'article R. 222-13, 7°, qu'elles comportent ou non une demande d'expertise. En ce sens, il était possible de relever que les dérogations sont d'interprétation stricte et que la voie de l'appel demeure la voie de recours de droit commun contre les jugements d'un tribunal administratif. Maintenir complètement la voie de l'appel pour toute demande non chiffrée présentait cependant des inconvénients certains : il n'est pas rare qu'un requérant poursuivant l'annulation d'une décision administrative demande également réparation de son préjudice, sans plus de précisions. Cette demande additionnelle aurait eu pour effet de rendre le jugement susceptible de deux voies de recours. En effet, la connexité ne peut pas jouer entre des demandes distinctes relevant de voies de recours différentes (Sect., 6 oct. 1961, *Demarze*, p. 548; 16 juin 2004, *Bianchin*, n° 265915, T. p. 639).

Devant les inconvénients de ces deux solutions extrêmes, le Conseil d'État a préféré juger qu'en présence de conclusions non chiffrées, l'appel demeure possible quand le requérant, dans sa requête introductive d'instance, a expressément demandé qu'une expertise soit ordonnée afin de déterminer l'étendue de son préjudice, en se réservant de fixer le montant de sa demande au vu du rapport de l'expert. Le jugement rendu sur une telle requête, qui doit l'être par une formation collégiale du tribunal administratif, est susceptible d'appel quel que soit tant le montant de la provision que le demandeur a, le cas échéant, sollicitée dans sa requête introductive d'instance, que celui de l'indemnité qu'il a chiffrée à l'issue de l'expertise.

Par esprit de simplicité, la solution retient la demande d'expertise comme unique critère d'orientation de la requête initiale non chiffrée, sans qu'il soit besoin de vérifer si le requérant a chiffré ses conclusions plus tard dans l'instance.

● Société Darty Alsace-Lorraine

Sect., 18 juil. 2006 [n°s 267894 et 267895]

Quelle que soit la raison pour laquelle un requérant croit bon de saisir une cour administrative d'appel d'une requête dirigée contre un jugement rendu en dernier ressort, et sans qu'aient d'incidence sur ce point les mentions portées sur la lettre de notification du jugement, celle-ci doit renvoyer l'affaire au Conseil d'État en application de l'article R. 351-2 du code de justice administrative, sauf irrecevabilité manifeste insusceptible d'être couverte en cours d'instance ou constatation d'un non-lieu à statuer.

La décision de la Section du contentieux *Société Darty Alsace-Lorraine* confirme la portée très large qu'il convient de donner au système de règlement des questions de compétence au sein de la juridiction administrative, codifié à l'article R. 351-2 du code de justice administrative.

La société requérante s'était trouvée en litige avec l'administration, à propos d'une question relative à l'assiette de la taxe foncière sur les propriétés bâties, c'est-à-dire dans l'une des matières pour lesquelles la voie de l'appel se trouve, depuis que le décret n° 2003-543 du 24 juin 2003 a modifié l'article R. 811-1 du code de justice administrative sur ce point, fermée. Les jugements rendus par les tribunaux administratifs dans ces matières sont alors seulement susceptibles d'un pourvoi en cassation devant le Conseil d'État. Insatisfaite de la solution donnée à ce litige par le tribunal administratif, la société avait néanmoins, en toute connaissance de cause, saisi la cour administrative d'appel du lieu, en contestant par voie d'exception la légalité du décret du 24 juin 2003, que le Conseil d'État avait par ailleurs déjà eu l'occasion de confirmer au contentieux (17 déc. 2003, *M. Meyet et autres*, n°s 258253 et autres). Le président de la cour administrative d'appel avait rejeté cette requête par ordonnance, sur le fondement de l'article R. 351-4 du code de justice administrative, qui permet à une juridiction de l'ordre administratif, à condition que ce dernier soit compétent pour connaître des conclusions dont elle est saisie, de les rejeter si elle les estime entachées d'une irrecevabilité manifeste non susceptible d'être couverte en cours d'instance, ou de constater un non-lieu à statuer. Le juge d'appel avait considéré, vraisemblablement, que les conclusions de la requérante tendaient au bénéfice d'une voie de droit qui n'existait plus et se trouvaient, dès lors, définitivement irrecevables. La société requérante s'était pourvue en cassation contre cette ordonnance, tout en introduisant dans le même temps un pourvoi, manifestement tardif, contre le jugement du tribunal administratif.

Saisi de ces deux pourvois, le Conseil d'État a commencé par statuer sur le second, sans examiner sa recevabilité, ce qu'il lui était possible de faire puisqu'il a rejeté les conclusions dirigées contre le jugement du tribunal. Ayant ainsi vidé le fond du litige, la Section du contentieux s'est penchée sur la question de procédure qui avait justifié le renvoi de l'affaire devant elle, qui était posée par le pourvoi dirigé contre l'ordonnance rendue par la cour administrative d'appel. Fallait-il considérer qu'une requête demandant l'annulation d'un jugement et l'inversion de la solution retenue par les premiers juges, introduite devant une cour administrative d'appel, alors que ce jugement a été rendu en dernier ressort, pose une question de recevabilité des conclusions ou de compétence de la juridiction saisie ?

La Section du contentieux a considéré qu'il s'agissait d'une question de compétence, consacrant une solution déjà largement engagée (v. 14 avr. 2006, *SA Comptoir agricole du Languedoc*, n° 276548, pour un cas de censure d'un arrêt de cour rejetant un appel en matière de taxe foncière sans transmettre la requête au Conseil d'État; et 16 juin 2004, *Bianchin*, n° 265915, T. p. 639, pour une solution de renvoi à la cour dans l'hypothèse symétrique d'un pourvoi en cassation dirigé contre un jugement contre lequel la voie de l'appel demeure ouverte). Surtout, elle a ajouté que la réponse qu'il convenait d'apporter à cette question restait identique lorsque l'auteur de la requête avait agi délibérément, en remettant en cause la suppression de l'appel, ce qui faisait l'originalité de cette affaire. Ce dernier point impliquait, incidemment, que les mentions de la notification du jugement indiquant les voies de recours devaient rester sans incidence sur l'appréciation qu'il convenait de porter sur la recevabilité de la requête. En l'espèce, la cour administrative d'appel aurait dû transmettre la requête dont elle était incompétemment saisie au Conseil d'État, malgré sa formulation en quelque sorte, en application de l'article R. 351-2 du code de justice administrative.

Tirant les conséquences de ce raisonnement, le Conseil d'État a censuré l'erreur de droit commise, puis procédé à l'annulation de l'ordonnance attaquée, sans renvoi ni règlement de l'affaire au titre de la procédure engagée, puisque plus rien ne restait à juger. En statuant ainsi sur ce dernier point, le Conseil d'État se jugeait implicitement compétent pour connaître de la requête dont la cour avait été saisie, et par suite estimait légale la disposition, contestée par le contribuable, du décret du 24 juin 2003, insérée au 5° de l'article R. 222-13 du code de justice administrative, qui a supprimé l'appel pour les litiges relatifs aux taxes syndicales et aux impôts locaux autres que la taxe professionnelle.

● Mme Elissondo Labat

Sect., 18 juill. 2006 [n° 283474]

Un juge des référés, saisi sur le fondement de l'article L. 521-3 du code de justice administrative, peut, pour prévenir ou faire cesser un dommage dont l'imputabilité à des travaux publics ou à un ouvrage public ne se heurte à aucune contestation sérieuse, enjoindre au responsable de ce dommage de prendre des mesures conservatoires destinées à faire échec ou mettre un terme aux dangers immédiats présentés par l'état de l'immeuble.

Des trois voies de droit ouvertes devant le juge administratif des référés statuant en urgence, le référé prévu par l'article L. 521-3 du code de justice administrative est longtemps demeuré subsidiaire par rapport aux deux procédures principales des articles L. 521-1 et L. 521-2. Notamment, l'interdiction de faire obstacle à l'exécution d'une décision administrative et de préjudicier au principal (prévue par l'ancien article R. 130 du code des tribunaux administratifs et des cours administratives d'appel) a limité l'utilisation de cette disposition.

Mais l'entrée en vigueur de la loi n° 2000-597 du 30 juin 2000 relative au référé devant les juridictions administratives, qui a abandonné cette seconde prohibition, a modifié la situation. Ainsi, un juge des référés peut adresser des injonctions à l'administration dans le cadre d'un référé « mesures utiles » (29 avr. 2002, *Capellari,* n° 240322, T. p. 876), si ces mesures ont un caractère conservatoire. Le Conseil d'État a reconnu un tel caractère à l'injonction adressée à un maire de dresser un procès-verbal de travaux qui se poursuivaient en dépit de la suspension du permis de construire qui les avait autorisés (Sect., 6 févr. 2004, *Masier,* n° 256719, p. 45).

Avec la décision *Mme Elissondo-Labat*, la Section du contentieux franchit une étape supplémentaire en reconnaissant à ce juge des référés des pouvoirs pour prévenir la réalisation ou l'aggravation imminente d'un dommage qui engagerait la responsabilité de l'administration.

La requérante attribuait les fissures et lézardes apparues sur son habitation – qui s'aggravaient et mettaient en péril la solidité même de l'immeuble – à des travaux effectués pour élargir et rehausser la chaussée sur une route départementale située en contrebas. Cette modification de l'ouvrage public avait fini par renvoyer les eaux de ruissellement au pied de la maison où elles stagnaient avant de s'infiltrer. Après avoir demandé une expertise, qui concluait que les désordres étaient imputables à l'ouvrage public, Mme Elissondo-Labat avait demandé au tribunal administratif de Pau d'enjoindre au président du conseil général des Pyrénées Atlantiques de réaliser des travaux de consolidation à ses frais avancés. Mais le juge avait estimé qu'un courrier de la collectivité publique constituait une décision à l'exécution de laquelle il ne pouvait faire obstacle, en application de l'article L. 521-3.

Le Conseil d'État a, au contraire, considéré que la circonstance que le responsable d'un dommage, saisi par l'intéressé d'une demande tendant à la réalisation de certaines mesures, l'ait rejetée par une décision expresse ou implicite n'était pas à elle seule de nature à faire obstacle à la mise en œuvre de la procédure prévue par l'article L. 521-3. La Section a ensuite estimé qu'il entrait dans les pouvoirs du juge des référés ainsi saisi d'enjoindre à la collectivité publique de prendre des mesures conservatoires destinées à faire échec ou à mettre un terme aux dangers immédiats présentés par l'état de l'immeuble, sans d'ailleurs que le juge doive tenir une audience publique. La Section a cependant voulu circonscrire ces pouvoirs en conservant une limite jurisprudentielle selon laquelle l'imputabilité du dommage à des travaux publics ou à un ouvrage public ne doit se heurter à aucune contestation sérieuse. En l'espèce, elle a enjoint au département de réaliser à ses frais avancés les travaux provisoires d'étaiement des parties sinistrées de l'habitation de Mme Elissondo Labat.

● Société Techna SA et autres

Sect., 27 oct. 2006 [n°s 260767, 260791 et 260792]

Le juge administratif, lorsqu'il rejette une requête en annulation dirigée contre un acte administratif dont l'exécution a été suspendue en référé, peut décider, au nom du principe de sécurité juridique, le report dans le temps des effets de sa décision de rejet, en tant qu'elle met fin à cette suspension.

Transposant les objectifs d'une directive communautaire, le décret n° 2003-751 du 1er août 2003 modifiant le décret n° 86-1037 du 15 septembre 1986 portant application de la loi du 1er août 1905 sur les fraudes et falsifications en matière de produits ou de services en ce qui concerne les produits et substances destinés à l'alimentation animale avait fixé, dans son article 4, de nouvelles règles relatives à l'étiquetage des produits destinés à l'alimentation des animaux, imposant en particulier de mentionner avec précision les composants alimentaires utilisés. Deux autres articles du décret avaient différé l'entrée en vigueur de ces nouvelles règles au 6 novembre 2003 et autorisé les producteurs à commercialiser jusqu'à cette date les produits étiquetés selon les anciennes règles. A la demande de plusieurs fabricants qui contestaient l'atteinte portée à leurs secrets de fabrication, le juge des référés du Conseil d'État avait suspendu l'exécution de l'article 4 du décret du 1er août 2003 par une ordonnance rendue le 29 octobre 2003, en exprimant un doute sur la légalité de la directive communautaire transposée. Saisie à titre préjudiciel par des juridictions d'autres pays sur cette question, la Cour de justice des Communautés européennes a rendu son arrêt le 6 décembre 2005, levant les doutes sur la légalité de la directive transposée.

La Section du contentieux, de ce fait en mesure de statuer sur les demandes d'annulation dont le Conseil d'État avait été saisi par ces mêmes fabricants, a rejeté les conclusions tendant à l'annulation de l'article 4 du décret.

Le rejet de cette requête aurait normalement dû avoir pour effet de mettre fin à la suspension de l'article 4 du décret, celui-ci trouvant ou retrouvant application dès le prononcé de la décision juridictionnelle, sans que les fabricants puissent bénéficier du régime transitoire qui avait été prévu en leur faveur par le décret et dont le terme était désormais expiré.

La Section a cependant jugé que, s'il apparaît que l'effet d'une décision de rejet au fond rendue dans de telles circonstances est de nature, compte tenu des difficultés de tous ordres qui peuvent en résulter et auxquelles l'administration ne serait pas en état de parer immédiatement elle-même, à porter atteinte au principe de sécurité juridique, notamment dans le cas où, comme en l'espèce, la suspension a été prononcée avant tout début d'exécution d'un décret qui prévoyait une période transitoire dont le terme est depuis lors écoulé, il appartient au juge administratif, le cas échéant d'office, d'apprécier, en prenant en compte tant ces difficultés que l'intérêt général qui s'attache à l'entrée en vigueur des nouvelles dispositions, s'il y a lieu de décider que sa décision de rejet, en tant qu'elle met fin à la suspension précédemment prononcée, ne prendra effet qu'à une date ultérieure qu'il lui appartient de déterminer et, en ce cas, de prescrire la publication de sa décision au *Journal officiel* de la République française.

La Section a ainsi décidé, après avoir rejeté les requêtes, que sa décision, en tant qu'elle mettait fin à la suspension de l'article 4 du décret du 1er août 2003 prononcée le 29 octobre 2003, prendrait effet le 1er février 2007, et a prescrit sa publication au *Journal officiel* de la République française.

● M. Parent et autres

Sect., 27 oct. 2006 [nos 276069, 277198 et 277460]

Voir p. 4.

● Mme Lacroix

Sect., 13 déc. 2006 [n° 287845]

Voir p. 6

2007

● Ordre des avocats du barreau d'Évreux

Sect., 5 oct. 2007 [n° 282321]

Lorsque, postérieurement à l'introduction d'une requête tendant à l'annulation du refus d'abroger une disposition réglementaire, l'autorité compétente procède à cette abrogation, la requête perd son objet. Toutefois, tel n'est pas le cas si l'autorité administrative, tout en procédant à l'abrogation demandée, reprend les mêmes dispositions dans un nouveau texte.

Depuis sa décision *CAMIF* (27 juil. 2001, n° 218067, p. 401), le Conseil d'État estime que lorsque postérieurement à l'introduction d'une requête tendant à l'annulation du refus d'abroger une disposition réglementaire, l'autorité compétente procède à cette abrogation, la requête perd son objet. Mais qu'en est-il lorsque, outre l'abrogation demandée, l'autorité réglementaire reprend, dans un nouveau texte, les mêmes dispositions que celles dont l'abrogation a été demandée ? C'est sur ce cas de figure que la Section du contentieux s'est prononcée dans sa décision du 5 octobre 2007.

Le refus d'abroger le règlement litigieux portait sur certains articles du règlement intérieur unifié des barreaux de France, pris le 24 avril 2004 par le Conseil national des barreaux. Ce conseil est en effet doté d'un pouvoir réglementaire spécial, en application de l'article 21-1 de la loi n° 71-1130 du 31 décembre 1971. Le Conseil national des barreaux a abrogé ce règlement en 2005, soit postérieurement à l'introduction de la requête contestant le refus d'abroger, pour le remplacer par un nouveau règlement, lui même abrogé et remplacé par le règlement intérieur national du 12 juillet 2007. Certaines des dispositions du nouveau règlement (divisibles du reste du règlement) reprenaient des dispositions du règlement du 24 avril 2004 dont l'abrogation avait été demandée. D'autres faisaient l'objet d'une rédaction nouvelle.

La Section du contentieux, saisie de la question, a considéré que lorsque les dispositions abrogées avaient été reprises dans le nouveau statut, avec de simples modifications de forme, le litige conservait son objet. En revanche, lorsque le texte qui s'était substitué à la disposition abrogée présentait une rédaction différente, les conclusions dirigées contre le refus d'abroger ont été rejetées comme devenues sans objet.

● Mme P.

Sect., 9 nov. 2007 [n° 293987]

Le juge de cassation exerce un contrôle de qualification juridique des faits ayant motivé le prononcé, par une juridiction du fond, d'une amende pour recours abusif à l'encontre d'un requérant.

L'accès au juge est un principe de valeur constitutionnelle, le Conseil constitutionnel ayant interprété l'article 16 de la Déclaration des droits de l'homme et du citoyen de 1789 comme impliquant « qu'il résulte de cette disposition qu'en principe il ne doit pas être porté d'atteintes substantielles au droit des personnes intéressées d'exercer un recours effectif devant une juridiction » (CC, 9 avr. 1996, n° 96-373 DC ; 23 juil. 1999, n° 99-416 DC). Mais ce droit d'accès au juge n'est pas absolu et trouve sa limite dans une utilisation abusive de ce droit.

Dans son principe, l'amende pour requête abusive devant les juridictions administratives, prévue à l'article R. 741-12 du code de justice administrative, a pour objet de compenser un coût pour la collectivité du service public de la justice, qui a inutilement fonctionné. Elle sanctionne ainsi la désinvolture à l'égard du juge, le refus de s'incliner devant ses décisions, les comportements préjudiciables à l'adversaire inutilement pris à partie devant la justice et l'encombrement des juridictions par des recours abusifs qui retardent le jugement des requêtes fondées.

La question du degré de contrôle que le juge de cassation doit exercer lorsque les juges du fond ont assorti leur décision d'une amende pour recours abusif n'avait pas été tranchée : doit-il exercer un contrôle approfondi de qualification juridique des faits ou bien peut-il s'en remettre à l'appréciation souveraine des juges du fond en se bornant à censurer une éventuelle dénaturation ?

Dans l'affaire soumise à l'examen de la Section, des agents de la fonction publique hospitalière avaient contesté devant un tribunal administratif une décision de leur directeur d'établissement de leur appliquer, à la suite de leur refus de venir travailler le lundi de Pentecôte, choisi par l'établissement comme journée de solidarité, la règle du trentième indivisible telle qu'appliquée pour fait de grève, soit une retenue d'un trentième de leur traitement mensuel. Le tribunal administratif avait rejeté la demande et assorti ce rejet d'une amende pour recours abusif de 500 €.

En cassation, la Section du contentieux du Conseil d'État a jugé que la décision du juge administratif d'infliger une amende pour recours abusif n'avait pas besoin de faire l'objet d'une motivation spéciale, que le juge de cassation exerce un contrôle sur la qualification juridique à laquelle s'est livré le premier juge pour estimer qu'une requête présente un caractère abusif, et enfin que le montant de l'amende relève, en revanche, du pouvoir souverain d'appréciation des juges du fond.

En l'espèce, la Section a jugé que, eu égard à l'objet de la requête et aux moyens qui y étaient développés, le tribunal administratif de Melun l'avait inexactement qualifiée d'abusive et que son jugement devait, par suite, être annulé sur ce point.

● M. Pucci

Sect., 30 nov. 2007 [n° 266500]

Il appartient au juge administratif de connaître des contestations, y compris celles présentées sous la forme d'inscriptions de faux, portant sur les documents postaux relatifs à l'acheminement du courrier dans le cadre d'une procédure administrative ou d'une procédure qui se déroule devant la juridiction administrative.

Le Conseil d'État s'est prononcé, à l'occasion d'un litige fiscal, sur la question inédite du juge compétent pour connaître d'une demande en inscription de faux dirigée contre une attestation par laquelle un agent du service postal indique qu'une décision administrative a été régulièrement notifiée.

Le requérant, président-directeur général d'une société anonyme, a fait l'objet en 1992 d'un examen contradictoire de sa situation fiscale personnelle et s'est vu notifier divers redressements, dont certains relatifs à des revenus taxés d'office, au titre des années 1989 à 1991. Après admission partielle de sa réclamation, l'intéressé a saisi le tribunal administratif d'Orléans en soutenant que la notification relative à la taxation d'office de ses revenus de l'année 1989 lui était parvenue seulement le 4 janvier 1993, en dehors du délai de reprise de l'administration, qui expirait le 31 décembre 1992. En défense, l'administration fiscale a produit deux attestations en date du 7 janvier 1993 du receveur de la poste indiquant qu'à la demande de l'intéressé, son courrier avait fait l'objet d'une « garde au bureau » et que les notifications des bases d'imposition étaient à la disposition du contribuable au bureau de poste dès le 22 décembre 1992. Le requérant a alors déposé devant l'autorité judiciaire une plainte pour faux relative aux attestations postales produites par l'administration et a demandé au juge administratif de surseoir à statuer jusqu'à ce que le juge pénal se soit prononcé sur la plainte pour faux déposée devant lui.

Le Conseil d'État avait déjà eu l'occasion de juger que le juge administratif est compétent pour statuer sur une demande d'inscription de faux présentée devant lui, lorsqu'elle porte sur un acte administratif (Ass., 4 mars 1955, *Athias*, n° 22819 *bis*, p. 129). Mais tel n'était pas le cas des documents en cause en l'espèce, qui se rattachaient à l'exécution d'un service public industriel et commercial.

Le tribunal administratif n'a pas donné suite à la demande d'inscription de faux, et la cour administrative d'appel a confirmé le jugement en relevant que le tribunal n'était pas tenu de surseoir à statuer. Saisi en cassation, le Conseil d'État s'est inscrit dans le prolongement d'une jurisprudence ancienne qui rend le juge administratif pleinement compétent pour apprécier les conditions dans lesquelles il est saisi (4 mars 1935, *Société X.*, 2e esp., p. 274 ; 22 oct. 1965, *Dlle Boissière*, n° 59107, p. 547 ; Ass., 21 juillet 1972, *Union interfédérale des syndicats de la préfecture de police et de la sûreté nationale*, n° 75225, p. 584), et a introduit une nouvelle exception à la règle de renvoi des demandes d'inscriptions de faux présentées devant le juge administratif au tribunal compétent de l'ordre judiciaire, posée par l'article R. 633-1 du code de justice administrative. La Section du contentieux a ainsi jugé qu'il appartient au juge administratif de connaître des contestations, y compris celles présentées sous la forme d'inscriptions de faux, portant sur les documents postaux relatifs à l'acheminement du courrier dans le cadre d'une procédure administrative ou d'une procédure qui se déroule devant la juridiction administrative.

La Section du contentieux en a déduit que la cour administrative d'appel n'avait pas commis d'erreur de droit en jugeant que le tribunal administratif n'était pas tenu de surseoir à statuer jusqu'à ce que le juge judiciaire se soit prononcé sur la procédure d'inscription de faux engagée par le requérant.

2008

● Mme Baomar

Sect., 7 fév. 2008 [n° 267744]

En cassation, le Conseil d'État, après avoir annulé les décisions de juridictions administratives s'étant attribué à tort une compétence appartenant à d'autres juridictions du même ordre, peut soit renvoyer le litige à la juridiction normalement compétente en première instance, soit statuer lui-même immédiatement. Le conjoint survivant du titulaire d'une pension transformée en indemnité viagère non réversible avant la date du mariage ne détient pas un droit à réversion susceptible d'être regardé comme un bien au sens de l'article 1er du premier protocole additionnel à la convention européenne de sauvegarde des droits de l'homme et des libertés fondamentales.

La veuve d'un ressortissant marocain demandait, devant les juridictions des pensions, à bénéficier d'une prestation de réversion au titre de la pension dite « mixte » dont il avait été titulaire, combinant une part de pension militaire d'invalidité et une part de pension militaire de retraite, laquelle avait toutefois été transformée en une indemnité viagère non réversible par l'effet de l'une des lois dites « de cristallisation » (loi n° 59-1454 du 26 décembre 1959 de finances pour 1960). Saisie en cassation, la Section du contentieux a annulé l'arrêt de la cour régionale des pensions puis, réglant l'affaire au fond, le jugement du tribunal départemental des pensions, au motif que tous deux s'étaient reconnus à tort compétents pour statuer sur un litige de pension mixte relevant des juridictions administratives de droit commun. Elle a alors dû répondre à deux questions, l'une d'ordre procédural, l'autre relative au champ d'application de la convention européenne de sauvegarde des droits de l'homme et des libertés fondamentales.

Le premier apport de la décision du 7 février 2008 est d'expliciter les pouvoirs dont dispose le Conseil d'État lorsque, statuant en la qualité de juge d'appel que lui confèrent les dispositions de l'article L. 821-2 du code de justice administrative, il annule un jugement rendu en première instance au motif que la juridiction administrative saisie n'était pas compétente.

Confirmant sur ce point une précédente décision rendue par deux de ses sous-sections réunies (20 mars 2000, *Ministre de l'éducation nationale c/ Wisniewski*, n° 135499, T. p. 1201), la Section du contentieux juge qu'il peut soit, en vertu des dispositions de l'article R. 351-1 du code de justice administrative, attribuer le jugement de l'affaire à la juridiction administrative compétente en première instance, soit évoquer et statuer immédiatement sur la demande. La faculté de choisir entre ces deux options, alors que la seconde prive le litige de tout examen par les premiers juges normalement compétents, est un aspect de la fonction de cour suprême que remplit le Conseil d'État au sein de l'ordre juridictionnel administratif.

En l'espèce, la Section a statué immédiatement sur la demande, qui posait en effet une autre délicate question. La solution dépendait pour partie de l'application de l'article 68 de la loi n° 2002-1576 du 30 décembre 2002 de finances rectificative pour 2002, par lequel le législateur, voulant tirer les conséquences de la décision d'Assemblée du 30 novembre 2001 *Ministre de l'économie, des finances et de l'industrie c/ Diop* (n°s 212179 et 212211, p. 605), a introduit un droit à prestation de réversion pour les conjoints survivants des titulaires de pensions transformées en indemnités viagères. A la différence de la règle posée pour les conjoints survivants de pensionnés ayant la nationalité française, ce droit était soumis à la condition que le mariage soit antérieur à cette transformation, condition que la requérante ne remplissait pas. Aussi soutenait-elle qu'il en résultait entre les conjoints survivants, selon la nationalité de l'époux décédé, une discrimination dans leur droit au respect de leurs biens, en violation des stipulations combinées des articles 14 de la convention européenne de sauvegarde des droits de l'homme et des libertés fondamentales et 1er de son premier protocole additionnel.

La Section a écarté ce moyen comme inopérant, jugeant que la requérante, qui s'était mariée à une date où son époux n'était titulaire que d'une indemnité non réversible, ne pouvait prétendre avoir détenu un droit à réversion dont elle aurait été privée par la suite. Sa situation est donc différente, au regard des stipulations invoquées, de celle du conjoint survivant déjà titulaire d'une pension de réversion au moment de la « cristallisation » (6 fév. 2002, *Ministre de l'économie, des finances et de l'industrie c/ Mme Doukouré*, n°s 216172- 216657, T. p. 722), ou de celui à qui on refuse la réversion en raison de sa nationalité alors que la pension du conjoint décédé n'a jamais été « cristallisée » (6 fév. 2002, *Ministre de l'économie, des finances et de l'industrie c/ Bab Hamed*, n° 219383, p. 26).

La décision *Mme Baomar* reprend ainsi le raisonnement suivi habituellement par la Cour européenne des droits de l'homme : celle-ci recherche, non dans l'absolu mais dans le cas particulier de chaque plaignant, si la créance qu'il allègue détenir peut se fonder sur une espérance légitime compte tenu de la législation en vigueur à la date où elle est censée être née (v. not. CEDH, 29 nov. 1991, *Pine Valley c/ Irlande*, n° 12742/87).

● Conseil départemental de l'ordre des chirurgiens-dentistes de Paris c/ M. Banon

Sect., 6 juin 2008 [n° 283141]

La règle selon laquelle le juge compétent pour statuer sur des conclusions à fin de dommages et intérêts pour citation abusive est

le juge compétent pour statuer sur l'action dont il est soutenu qu'elle a été abusivement engagée, devant qui ces conclusions doivent être présentées par la voie reconventionnelle, s'applique également devant les juridictions administratives spécialisées. Pour prévenir une atteinte rétroactive au droit au recours, le Conseil d'État n'en fait toutefois pas application au litige dont il était saisi.

Le juge administratif de droit commun a la faculté de condamner la partie demanderesse, à la demande de la partie adverse, à indemniser cette dernière des préjudices causés par un usage abusif du droit d'ester en justice (Sect., 25 oct. 1946, *Gronier et Gastu*, n° 71985-71986, p. 247), sauf quand une telle demande est irrecevable en raison de la nature du contentieux, notamment en excès de pouvoir et en matière électorale. Cette condamnation ne doit pas être confondue avec l'amende pour recours abusif prévue à l'article R. 741-12 du code de justice administrative, qui relève d'un pouvoir propre du juge.

La jurisprudence a ainsi fait prévaloir la plénitude de juridiction sur les difficultés de compétence qui résultent de ce que le requérant condamné pourra être une personne privée. Le juge saisi de la demande de condamnation doit en effet nécessairement se prononcer sur les mérites de l'action dont il est soutenu qu'elle est abusive. Il est donc logique que ce soit le juge compétent pour statuer sur cette action qui le soit également pour statuer sur les conclusions à fin de dommages et intérêts pour citation abusive. L'exception aux règles générales de compétence a pour corollaire que la demande de dommages et intérêts pour procédure abusive ne peut être présentée que par la voie reconventionnelle, dans le cadre de l'instance ouverte par cette action.

Aucun précédent ne réglait toutefois le cas des juridictions administratives spécialisées : peuvent-elles aussi prononcer une telle condamnation, alors que leur compétence d'attribution doit en principe être strictement interprétée ; si tel n'est pas le cas, la demande de dommages et intérêts peut-elle être portée devant un autre juge, et lequel ? C'est le point qu'a tranché la Section du contentieux, saisie en cassation d'un arrêt d'une cour administrative d'appel par lequel un chirurgien-dentiste avait obtenu la condamnation d'un conseil départemental de son ordre professionnel pour l'avoir abusivement poursuivi devant le conseil régional du même ordre.

La décision du 6 juin 2008 étend aux juridictions administratives spécialisées l'ensemble des règles de compétence et de recevabilité déjà dégagées pour les juridictions administratives de droit commun : une demande tendant à la réparation de l'abus d'ester devant un juge spécialisé relève de la compétence de ce dernier et doit lui être soumise dans la même instance.

En privilégiant ainsi la simplicité et la cohérence des règles de procédure au sein de l'ordre administratif, la Section a notamment exclu, en principe, qu'un professionnel de santé qui s'estime victime d'une plainte abusive d'un particulier devant un conseil de son ordre puisse en rechercher réparation devant le juge civil. La précision est bienvenue, compte tenu de l'élargissement du droit de saisine des ordres des professions médicales qui résulte de la loi n° 2002-303 du 4 mars 2002 relative aux droits des malades.

Il résulte de la règle posée par la Section qu'un tribunal administratif ou une cour administrative d'appel saisi de conclusions tendant à la réparation du préjudice causé par une plainte abusive devant une juridiction disciplinaire ordinale doit les renvoyer à la juridiction saisie de la plainte. En l'espèce, celle-ci s'était définitivement prononcée en cours d'instance devant le tribunal administratif, de sorte que les juges du fond auraient en principe dû constater, en application de l'article R. 351-4 du code de justice administrative, qu'il n'y avait plus lieu de statuer sur ces conclusions. Cela serait revenu toutefois à priver le chirurgien-dentiste visé par la plainte de toute possibilité d'obtenir réparation, en lui opposant des règles qui, à la date où il avait porté sa demande devant le juge administratif de droit commun, ne résultaient expressément d'aucun texte ni d'aucune jurisprudence.

Pour prévenir une telle atteinte rétroactive au droit au recours, la Section a jugé qu'il y avait lieu de faire usage de la possibilité récemment consacrée de moduler les effets dans le temps des évolutions jurisprudentielles (Ass., 16 juil. 2007, *Société Tropic Travaux Signalisation*, n° 291545, p. 360) en excluant partiellement l'application de la règle nouvellement dégagée au litige à l'occasion duquel elle est formulée. Dans le cas particulier de ce litige, la cour administrative d'appel aurait donc dû renvoyer les conclusions indemnitaires devant la juridiction disciplinaire ordinale, en jugeant qu'elles conservaient un objet alors même que celle-ci avait définitivement statué sur la plainte.

La décision *Conseil départemental de l'ordre des chirurgiens-dentistes de Paris c/ M. Banon* contribue de la sorte à préciser le régime du pouvoir de modulation des changements de règle jurisprudentielle. D'une part, il n'est pas réservé au Conseil d'État : il peut aussi, et même doit, être exercé par les juridictions subordonnées. D'autre part, quand est en cause non la sécurité juridique, comme dans la décision *Société Tropic Travaux Signalisation*, mais le droit au recours, sa mise en œuvre ne requiert pas que le changement emporte des conséquences majeures sur de nombreuses situations : des considérations d'équité peuvent justifier qu'il soit appliqué à un litige isolé et d'un enjeu modeste.

● M. Roche

Sect., 3 oct. 2008 [n° 291928]

La voie du recours en cassation n'est ouverte, en vertu des règles générales de la procédure, qu'aux personnes qui ont eu la qualité de parties dans l'instance ayant donné lieu à la décision attaquée. N'a pas la qualité de partie en appel et, par voie de conséquence, n'est pas recevable à se pourvoir en cassation contre la décision rendue à l'issue de cette instance, une partie défenderesse en première instance, dans le cadre du recours d'un tiers contre une autorisation administrative individuelle, qui s'est abstenue de faire appel du jugement du tribunal administratif annulant cette autorisation, nonobstant la circonstance que la requête d'appel formée par une autre partie défenderesse en première instance lui a été communiquée.

L'affaire *M. Roche* a permis à la Section du contentieux de préciser la notion de partie à l'instance d'appel dans le cas d'un contentieux impliquant à la fois un tiers ayant formé un recours pour excès de pouvoir contre une autorisation administrative individuelle, la personne ayant délivré cette autorisation et le bénéficiaire de celle-ci.

Le litige concernait le domaine de l'urbanisme. Un permis de construire avait été accordé à M. Roche par le maire de la commune, mais cette autorisation avait ensuite été attaquée par un tiers devant le tribunal administratif. Mis en cause par le tribunal, tout comme la commune, M. Roche avait produit un mémoire en défense, mais seule la commune avait fait appel du jugement du tribunal administratif annulant le permis de construire. La cour administrative d'appel ayant rejeté l'appel de la commune, M. Roche s'était alors pourvu en cassation contre son arrêt. Son pourvoi était-il recevable, alors qu'il n'avait pas fait appel du jugement du tribunal administratif ?

La Section du contentieux a répondu par la négative à cette question. Elle confirme ainsi la règle générale de procédure déjà dégagée par la décision du 20 décembre 2000 *Commune de Ville d'Avray* (n° 209329, T. p. 1194), suivant laquelle la voie du recours en cassation n'est ouverte qu'aux personnes qui ont eu la qualité de parties dans l'instance ayant donné lieu à la décision attaquée.

Devant le tribunal administratif, cette qualité est conférée, conformément aux dispositions de l'article R. 811-1 du code de justice administrative, par la communication par le juge de la demande d'un tiers tendant à l'annulation d'une autorisation administrative individuelle à la personne qui a délivré cette autorisation et au bénéficiaire de celle-ci. Parties défenderesses en première instance, ces personnes sont recevables à faire appel du jugement rendu par le tribunal administratif alors même qu'elles n'auraient produit aucune défense devant lui.

En appel, dans le silence du code sur la notion de partie, il résultait de la jurisprudence *Commune de Ville d'Avray* précitée qu'un défendeur de première instance qui n'avait pas fait appel du jugement du tribunal administratif annulant l'acte qu'il défendait perdait définitivement la qualité de partie et, par voie de conséquence, la possibilité de se pourvoir en cassation contre l'arrêt rendu sur appel de l'autre partie défenderesse en première instance. La Section du contentieux a confirmé cette jurisprudence, y compris en ce qu'elle précise que la communication de la requête par le juge d'appel à un défendeur de première instance ne suffit pas à conférer à ce dernier la qualité de partie en appel.

● Mme Bensaadoune

Sect., 31 oct. 2008 [n° 315418]

Il résulte de l'article L. 108 du code des pensions militaires d'invalidité et des victimes de la guerre que les requérants qui introduisent une action contentieuse sur le fondement de ce code devant les juridictions des pensions n'ont droit à l'aide juridictionnelle que s'ils remplissent la condition posée à l'article 7 de la loi du 10 juillet 1991 relative à l'aide juridique, tenant aux chances de succès de l'action engagée.

La loi du 31 mars 1919 a ouvert aux mutilés de guerre qui entendaient contester les décisions défavorables prises à leur encontre en matière de pension militaire d'invalidité un droit d'accès inconditionnel à « l'assistance judiciaire », devenue l'aide juridictionnelle, devant les juridictions des pensions de première instance et d'appel. Il s'agissait de ménager à ceux qui avaient versé « l'impôt du sang » un régime plus favorable que le droit commun de l'aide juridique, qui prévoyait une condition de ressources et, de manière implicite, un examen des mérites de la requête par les bureaux d'assistance judiciaire, lesquels éveillaient alors la défiance des parlementaires. Ce dispositif est resté à l'écart des réformes successives de l'aide juridique, en particulier des lois n° 72-11 du 3 janvier 1972 et n° 91-647 du 10 juillet 1991 : il en est résulté une incongruité tenant au fait que la charge financière qu'il induisait continuait à peser sur les avocats, et non sur l'État. Pour y mettre fin, la loi n° 98-1163 du 18 décembre 1998 a introduit dans le code des pensions militaires d'invalidité et des victimes de la guerre un article L. 108 rendant applicable « de plein droit, sans conditions de ressources », les dispositions de la première partie de la loi du 10 juillet 1991 devant les juridictions des pensions.

Le Conseil d'État avait initialement lu cette disposition comme écartant toutes les conditions posées par la loi du 10 juillet 1991 à l'octroi de l'aide juridictionnelle (14 mars 2003, *Lebrun*, n° 251532, p. 124). Par la décision du 31 octobre 2008 commentée, la Section du contentieux a entendu revenir sur cette interprétation en jugeant que seules les conditions tenant à la personne du requérant, à savoir les conditions de ressources, de nationalité et de résidence, se trouvaient exclues, mais que la condition posée à l'article 7 de cette loi, tenant aux chances de succès de l'action contentieuse introduite devant les juridictions des pensions, lui restait opposable. En l'espèce, le pourvoi de la requérante dirigé contre l'arrêt d'une cour régionale des pensions étant dépourvu de moyen sérieux de cassation, le Conseil d'État a confirmé la décision du bureau d'aide juridictionnelle refusant l'octroi de cette aide.

Ambigu, le texte de l'article L. 108 du code des pensions militaires d'invalidité et des victimes de la guerre se prêtait à toutes les interprétations. Celle qui a été retenue par la Section du contentieux procède d'une lecture stricte : celle-ci ne prévoit pas l'octroi de plein droit de l'aide juridictionnelle pour tout recours devant les juridictions des pensions mais seulement l'applicabilité de plein droit de la première partie de la loi du 10 juillet 1991, qui comporte précisément les conditions, tenant à la personne du requérant, auxquelles la délivrance de cette aide est subordonnée. Les travaux préparatoires de cette disposition révèlent d'ailleurs que la préoccupation essentielle du législateur a été de pérenniser l'inopposabilité de la condition de ressources.

Mais la solution retenue doit sans doute autant, sinon davantage, à des considérations liées à l'histoire du dispositif et à une bonne administration de la justice. D'une part, les justifications sur lesquelles reposait la loi du 31 mars 1919 se sont estompées à mesure que les conditions d'exercice du métier militaire s'amélioraient et que l'activité des bureaux d'aide juridictionnelle se professionnalisait, sous le contrôle du président de la Section du contentieux. D'autre part, l'admission automatique à l'aide juridictionnelle comportait des effets pervers en ce qu'elle incitait les requérants à poursuivre des procédures juridictionnelles en pure perte, suscitant de faux espoirs et alourdissant inutilement la charge de travail des avocats comme du juge. La décision commentée rappelle ainsi que l'aide juridictionnelle n'a vocation qu'à faciliter l'accès utile à la justice, dans une logique de solidarité nationale.

Enfin, implicitement mais nécessairement, la Section du contentieux a entendu ne pas faire jouer en l'espèce, en l'absence d'atteinte à la sécurité juridique ou à la substance même du droit au recours, le pouvoir de modulation dans le temps des effets des revirements de jurisprudence que le juge administratif s'est reconnu par des décisions récentes (Ass., 16 juil. 2007, *Société Tropic travaux signalisations*, n° 291545, p. 360 ; Sect., 6 juin 2008, *Conseil départemental de l'ordre des chirurgiens-dentistes de Paris c/ M. Banon*, n° 283141).

● Association de défense des droits des militaires (ADEFDROMIL)

Sect., 11 déc. 2008 [nos 306962, 307403 et 307405]

Saisie de décrets relatifs à des avantages bénéficiant aux militaires ou à leurs ayants-droit par une association ayant notamment pour objet la défense des intérêts professionnels des militaires, la Section du contentieux a jugé que ce recours, formé par un « groupement professionnel militaire à caractère syndical » prohibé par l'article L. 4121-4 du code de la défense, n'était pas recevable. En l'absence de loi organique précisant les modalités de mise en œuvre de l'article 61-1 de la Constitution relatif à la possibilité de soulever une exception d'inconstitutionnalité, le Conseil d'État ne peut se prononcer sur la constitutionnalité de cet article L. 4121-4.

L'Association de défense des droits des militaires contestait trois décrets, le premier du 30 avril 2007 fixant les conditions et les modalités de règlement des frais occasionnés par les changements de résidence des militaires sur le territoire métropolitain de la France, le deuxième et le troisième, en date du 15 mai 2007, modifiant des dispositions réglementaires relatives, respectivement, au fonds de prévoyance militaire et au fonds de prévoyance de l'aéronautique, en tant que ces trois décrets assimilent, pour l'octroi des avantages financiers qu'ils prévoient, les partenaires d'un pacte civil de solidarité à des personnes mariées, mais à la condition que le pacte ait au moins trois ans d'existence.

La Section a estimé que le juge, pour apprécier la recevabilité de l'action contentieuse introduite devant lui contre des décrets relatifs à des avantages bénéficiant aux militaires ou à leurs ayants droit par une association régulièrement déclarée, devait déterminer si celle-ci est ou non un « groupement professionnel militaire à caractère syndical » au sens de l'article L. 4121-4 du code de la défense, et a affirmé que cette qualification emportait nécessairement une incapacité à agir en justice à l'encontre des décrets attaqués, eu égard à « l'incompatibilité avec les règles de la discipline militaire », posée par ce même article, de l'existence d'un tel groupement.

La Section a par ailleurs estimé que, tant que la loi organique déterminant les conditions d'application de l'article 61-1 de la Constitution n'était pas intervenue, il n'appartenait pas au Conseil d'État statuant au contentieux de se prononcer sur la conformité d'une loi à la Constitution, et, en l'espèce, de répondre à l'exception tirée de l'inconstitutionnalité de l'article L. 4121-4 du code de la défense au regard de la liberté d'association et du droit à l'action syndicale garantis par le Préambule de la Constitution du 27 octobre 1946.

La Section a en revanche apporté une réponse aux exceptions tirées de la contrariété de ce même article avec les stipulations de l'article 11 de la convention européenne de sauvegarde des droits de l'homme et des libertés fondamentales. Elle a jugé qu'eu égard aux exigences découlant de la discipline militaire et des contraintes inhérentes à l'exercice des fonctions au sein des forces armées, les dispositions de l'article L. 4121-4 du code de la défense, qui n'interdisent pas aux militaires d'adhérer à toute association ayant un objet autre que la défense de leurs intérêts professionnels, constituent des restrictions légitimes à la liberté d'association autorisées par les stipulations de l'article 11 de la convention.

Au cas d'espèce, après avoir constaté que l'association requérante, qui regroupe des militaires et dont l'objet est d'assurer notamment la défense de leurs intérêts professionnels, est un groupement entrant dans le champ d'application de l'article L. 4121-4 du code de la défense, la Section en a déduit qu'elle n'était pas recevable à demander l'annulation des trois décrets attaqués.

RADIODIFFUSION SONORE ET TÉLÉVISION

2006

● Fédération européenne des réalisateurs de l'audiovisuel

Sect., 1er fév. 2006 [n° 239962]

Saisi de la légalité du décret du 9 juillet 2001 pris pour l'application du 3° de l'article 27 et de l'article 71 de la loi n° 86-1067 du 30 septembre 1986 et relatif à la contribution des éditeurs de services de télévision diffusés par voie hertzienne terrestre en mode analogique au développement de la production d'oeuvres cinématographiques et audiovisuelles, le Conseil d'État a estimé que ces dispositions ne posaient pas de règles incompatibles avec le droit communautaire.

L'article 27 de la loi du 30 septembre 1986 relative à la liberté de communication prévoit que, compte tenu des missions d'intérêt général des organismes du secteur public et des différentes catégories de services de communication audiovisuelle diffusés par voie hertzienne terrestre ou par satellite, des décrets en Conseil d'État fixent les principes généraux définissant les obligations concernant, notamment, « la contribution au développement de la production cinématographique et audiovisuelle et les dépenses minimales consacrées à l'acquisition de droits de diffusion d'oeuvres cinématographiques et audiovisuelles ainsi que l'indépendance des producteurs ». Le décret n° 90-67 du 17 janvier 1990 avait fixé les obligations des services diffusés en clair.

Mais la loi n° 2000-719 du 1er août 2000 étant venu modifier cet article 27, un nouveau décret n° 2001-609 du 9 juillet 2001 a abrogé le précédent et a redéfini les contributions à la production des éditeurs de services de télévision diffusés en clair par voie hertzienne terrestre en mode analogique. Il a notamment pris acte de la modification de l'article 71 de la loi de 1986 qui fixe les conditions dans lesquelles une oeuvre cinématographique ou audiovisuelle peut être prise en compte au titre de la contribution à la production indépendante. Les critères fixés par le décret portaient, d'une part, sur la durée des droits de diffusion acquis par l'éditeur de services, l'étendue des droits secondaires, celle des mandats de commercialisation et la responsabilité que l'éditeur assume dans la production de l'œuvre et, d'autre part, sur les liens capitalistiques ou commerciaux unissant ce diffuseur au producteur.

La Fédération européenne des réalisateurs de l'audiovisuel a attaqué le décret du 9 juillet 2001. Parmi les moyens soulevés, celui tiré de la méconnaissance des objectifs de la directive 89/552/CEE du 3 octobre 1989 dite « Télévision sans frontières » (modifiée par la directive 97/36/CE du 30 juin 1997), notamment son article 5, paraissait délicat et a justifié que la Section du contentieux soit saisie de cette question.

La Section du contentieux a jugé que le fait que l'obligation des éditeurs de services soit calculée en pourcentage du chiffre d'affaires et non en pourcentage du budget de programmation, comme le faisait la directive, ne posait pas de difficultés dès lors que celle-ci autorisait les États membres à édicter des règles plus strictes que celles qu'elle prévoit. Elle a ensuite considéré que si la directive de 1989 fixe un objectif de soutien à la production d'œuvres européennes émanant de « producteurs indépendants d'organismes de radiodiffusion télévisuelle », elle ne procède pas à la définition de cette dernière notion et qu'il ressort clairement de ses dispositions que les États membres sont libres du choix des moyens appropriés pour atteindre l'objectif fixé et notamment de déterminer si cette condition d'indépendance doit s'appliquer aux liens entre le producteur d'une œuvre susceptible d'être prise en compte au titre de la contribution d'un organisme de radiodiffusion télévisuelle au développement de la production indépendante et ce seul organisme – ou entre le producteur et tout organisme de radiodiffusion télévisuelle.

Aussi l'article 11 du décret du 9 juillet 2001 pouvait légalement définir la production indépendante comme indépendante à l'égard du seul organisme dont il s'agit de déterminer les obligations (indépendance relative) et non à l'égard de tout organisme de télévision (indépendance absolue).

RESPONSABILITÉ

2006

● Garde des sceaux, ministre de la justice c/ MAIF

Sect., 1er février 2006 [n° 268147]

Le régime de responsabilité sans faute du gardien, public ou privé, précédemment dégagé s'agissant des mineurs placés par mesure d'assistance éducative, s'applique aux dommages causés par des mineurs délinquants.

L'ordonnance n° 45-174 du 2 février 1945 relative à l'enfance délinquante prévoit la possibilité pour la juridiction des mineurs de confier la garde d'un mineur délinquant à une personne qui peut être privée ou publique. Les articles 375 et suivants du code civil prévoient pour le juge cette faculté de placement pour les mineurs en danger.

Dans une décision du 11 février 2005, *GIE AXA Courtage* (n° 252169, p. 45), la Section du contentieux avait consacré un régime de responsabilité sans faute inédit fondé sur la garde, en raison des pouvoirs dont se trouve investi l'État lorsqu'un service ou un établissement qui relève de son autorité se voit confier un mineur en danger bénéficiant d'une mesure d'assistance éducative prise en application des articles 375 et suivants du code civil.

Cette décision permettait ainsi d'assurer aux victimes d'un dommage causé par un mineur en danger le bénéfice d'un régime de réparation similaire, selon que l'établissement de placement à qui le mineur est confié relève du secteur public ou du secteur privé. En effet, la Cour de cassation a reconnu, s'agissant de ce dernier, un principe de responsabilité de plein droit « du fait des personnes dont on doit répondre » fondé sur l'article 1384 du code civil (Cass., Ass. plén., 29 mars 1991, *Association des centres éducatifs du Limousin et autres c/ Blieck*, n° 89-15.231, Bull. AP n°1), qu'elle a appliqué tant à la réparation des dommages causés par les mineurs relevant de l'assistance éducative (Cass. crim., 10 oct. 1996, *Association Le foyer Saint-Joseph*) qu'aux dommages causés par les mineurs délinquants placés en application de l'ordonnance du 2 février 1945 (Cass. 2e civ., 9 déc. 1999, *Association Montjoie*, n° 97-22.268, Bull. II n° 189).

Par sa décision du 1er février 2006, *Garde des sceaux, ministre de la justice c/ MAIF*, la Section du contentieux a étendu aux dommages causés par des mineurs délinquants le régime de responsabilité sans faute du gardien, public ou privé, qui avait précédemment été dégagé s'agissant des mineurs placés par mesure d'assistance éducative. En effet, dans un cas comme dans l'autre, la décision juridictionnelle de placement transfère à la personne qui est chargée du mineur la responsabilité d'organiser, diriger et contrôler la vie du mineur.

La Section du contentieux précise toutefois que ce régime de responsabilité ne fait pas obstacle à ce que soit également recherchée devant la juridiction administrative la responsabilité de l'État en raison du risque spécial créé pour les tiers par la mise en œuvre d'une des mesures de liberté surveillée prévue par l'ordonnance du 2 février 1945. Le régime de responsabilité pour risque dégagé par la décision *Ministre de la justice c/ Sieur Thouzellier* (Sect., 3 fév. 1956, p. 49) n'est donc pas remis en cause. C'est la raison pour laquelle la décision commentée rejette le recours du ministre de la justice contre un arrêt de la cour administrative d'appel de Nantes, qui retenait la responsabilité de l'État en raison des dommages causés à un particulier par un mineur délinquant dont la garde avait été confiée à une association.

2007

● M. Gardedieu

Ass., 8 fév. 2007 [n° 279522]

La responsabilité de l'État peut être engagée à raison des manquements aux obligations qui lui incombent d'assurer le respect par les autorités publiques des conventions internationales. L'ensemble des préjudices qui résultent de l'intervention d'une loi adoptée en méconnaissance des engagements internationaux de la France doivent être réparés.

L'article 55 de la Constitution confère aux traités internationaux régulièrement ratifiés ou approuvés, dès leur publication, une autorité supérieure à celle de la loi, sous réserve, pour les conventions bilatérales, de leur application par l'autre partie. Par suite, lorsqu'un tel traité crée des droits pour les particuliers, ces derniers peuvent utilement demander au juge qu'il écarte l'application de la loi contraire à ce traité (Ass., 20 oct. 1989, *Nicolo,* n° 108243, p. 190). Il en va de même lorsque la loi méconnaît les règles communautaires ou celles de la convention européenne de sauvegarde des droits de l'homme et des libertés fondamentales. Or, il résulte des règles du droit international que la violation d'un traité par un État partie doit donner lieu à réparation par ce dernier de l'ensemble des préjudices qui en résultent. Cette obligation de réparation trouve également à s'appliquer en cas de violation des stipulations de la convention européenne de sauvegarde des droits de l'homme et des libertés fondamentales (CEDH, 31 oct. 1995, *Papamichalopoulos et autres*, n° 14556/89) et en cas de méconnaissance « suffisamment caractérisée », par un État membre, d'une norme du droit communautaire ayant pour objet de créer des droits au profit des particuliers (CJCE, 19 nov. 1991, *Francovich et autres*, aff. C-6/90). Il appartient donc à chaque État d'instituer un mécanisme de réparation des préjudices nés de l'adoption de lois contraires à ses engagements internationaux.

Avant l'intervention de la décision commentée, les particuliers pouvaient, dans la plupart des cas, obtenir réparation des préjudices nés d'une telle loi : la responsabilité de l'État est en effet susceptible d'être engagée dès l'instant où l'administration fait application d'une loi inconventionnelle, soit par l'édiction d'une décision réglementaire ou individuelle, soit par ses agissements matériels (Ass., 28 fév. 1992, *Société Arizona Tobacco Products,* n° 87753, p. 78). De même, lorsqu'une loi inconventionnelle crée un préjudice dans le chef d'une personne dans ses relations avec une autre personne privée, la première peut, en règle générale, obtenir de la seconde réparation de ce préjudice devant le juge civil, ce dernier acceptant, comme le juge administratif, d'écarter la loi au profit de la convention internationale (Cass. mixte, 24 mai 1975, *Société des cafés Jacques Vabre*, n° 73-13556). Enfin, en dehors de ces hypothèses, la responsabilité de l'État est également susceptible d'être engagée sur le fondement de la rupture de l'égalité des citoyens devant les charges publiques, pour assurer la réparation de préjudices nés de l'adoption d'une loi, à la condition que cette dernière n'ait pas entendu exclure toute indemnisation et que le préjudice dont il est demandé réparation revête un caractère grave et spécial (Ass., 14 janv. 1938, *Société anonyme des produits laitiers « La Fleurette »*, n° 51704, p. 25).

Subsistait toutefois l'hypothèse dans laquelle une personne ayant subi des préjudices du fait d'une loi contraire à une norme internationale ne pouvait en obtenir réparation, ni devant le juge administratif, parce que ces préjudices résultaient directement de la loi, sans qu'un acte administratif vienne s'interposer entre les deux, et qu'ils ne présentaient pas un caractère grave et spécial, ni devant le juge judiciaire, parce que n'était en cause aucun acte de droit privé. C'est précisément pour combler cet angle mort, dans lequel se trouvait le requérant en l'espèce, que l'Assemblée du contentieux a reconnu un nouveau cas d'ouverture de la responsabilité de l'État du fait des lois adoptées en méconnaissance des engagements internationaux de la France.

Refusant d'acquitter auprès de la caisse autonome de retraite dont il dépendait les cotisations résultant du décret n° 85-283 du 27 février 1985, M. Gardedieu a obtenu du Conseil d'État, par une décision du 18 février 1994, qu'il déclare ce décret illégal. L'article 41 de la loi n° 94-637 du 25 juillet 1994 a toutefois validé rétroactivement les appels de cotisations effectués en application de ce décret, permettant à la caisse d'exiger de l'intéressé le paiement des cotisations non versées. M. Gardedieu a alors demandé à l'État la réparation du préjudice né de l'adoption de la loi du 25 juillet 1994 puis a saisi le juge administratif du rejet implicite de sa demande. Le Conseil d'État a tout d'abord constaté que l'intervention de la loi du 25 juillet 1994 avait privé M. Gardedieu du droit à un procès équitable sans qu'existe, en contrepartie, un motif impérieux d'intérêt général susceptible de justifier cette atteinte. Faisant application du régime de responsabilité qu'il venait de dégager, le Conseil d'État a estimé que M. Gardedieu pouvait prétendre à la réparation des conséquences dommageables résultant de manière directe et certaine de la loi du 25 juillet 1994 adoptée en méconnaissance des stipulations de l'article 6, paragraphe 1, de la convention européenne de sauvegarde des droits de l'homme et des libertés fondamentales.

Le nouveau régime ainsi dégagé emprunte à celui de la responsabilité sans faute son caractère objectif et à celui de la responsabilité pour faute le principe de la réparation intégrale des préjudices directement liés au fait dommageable, et non des seuls préjudices présentant un caractère grave et spécial. Au passage, le Conseil d'État admet que ce nouveau cas d'ouverture de la responsabilité de l'État puisse être invoqué pour la première fois en cause d'appel, dès lors qu'a été invoquée en première instance la responsabilité de l'État du fait des lois sur le fondement de l'égalité des citoyens devant les charges publiques, témoignant d'une certaine analogie de cause juridique entre ces deux régimes.

● M. Lagier et consorts Guignon

Sect., avis, 4 juin 2007 [nos 303422 et 304214]

Les nouvelles règles applicables au recours subrogatoire des caisses de sécurité sociale prévues par la loi du 21 décembre 2006, qui ménagent au profit des victimes de dommages corporels un régime d'indemnisation plus favorable, sont d'application immédiate. En l'absence de texte réglementaire d'application, le Conseil d'État a précisé la portée du nouveau régime et en a détaillé les modalités de mise en œuvre.

L'article 25 de la loi n° 2006-1640 du 21 décembre 2006 de financement de la sécurité sociale pour 2007 a profondément modifié l'article L. 376-1 du code de la sécurité sociale, qui prévoit les règles fixant les droits respectifs, à l'égard des tiers responsables, des victimes de dommages corporels et des caisses de sécurité sociale qui leur versent des prestations. Initialement, l'action subrogatoire des caisses de sécurité sociale pouvait s'exercer sur la part de l'indemnité mise à la charge du tiers responsable réparant l'« atteinte à l'intégrité physique », seule l'indemnisation des préjudices « personnels », entendus de manière restrictive, étant sanctuarisée au profit de la victime. En outre, en cas de partage de responsabilité entre le tiers responsable et la victime, donc de concurrence entre la victime et la caisse de sécurité sociale pour obtenir le versement d'une indemnité réparant un préjudice donné, la priorité était accordée à la caisse de sécurité sociale. Celle-ci pouvait ainsi obtenir le remboursement de sommes avancées à la victime au titre d'une indemnité réparant un préjudice qui ne lui avait causé aucun débours, privant ainsi la victime de tout ou partie de son droit à indemnisation.

Le législateur a donc souhaité ménager un équilibre plus favorable aux droits des victimes, selon trois principes. L'action subrogatoire des tiers payeurs s'exerce désormais poste de préjudice par poste de préjudice, ce qui signifie que les caisses de sécurité sociale ne peuvent être remboursées que si elles ont versé des prestations correspondant au préjudice indemnisé. Les préjudices à caractère personnel ne peuvent donner lieu à un tel recours subrogatoire que si le tiers payeur justifie de manière incontestable avoir effectivement et préalablement indemnisé la victime à ce titre. Enfin, en cas de partage de responsabilité, la victime bénéficie d'un droit d'indemnisation prioritaire sur les caisses de sécurité sociale.

Saisi d'une demande d'avis en application de l'article L. 113-1 du code de justice administrative, le Conseil d'État s'est prononcé, par un avis de la Section du contentieux du 4 juin 2007 (*M. Lagier et consorts Guignon*), sur l'application dans le temps et l'interprétation à donner aux nouvelles dispositions de l'article L. 376-1 du code de la sécurité sociale.

La Section a d'abord estimé que ces dispositions, dont l'application n'était pas manifestement impossible en l'absence de texte réglementaire, étaient d'application immédiate. Elle a en outre considéré que, à la différence des règles relatives aux droits de la victime et aux obligations du tiers responsable d'un dommage, qui doivent être appréciées en fonction des dispositions en vigueur à la date de l'accident qui en constitue le fait générateur, les modalités d'imputation des créances des caisses de sécurité sociale sur la dette du tiers responsable étaient, compte tenu des caractéristiques propres au mécanisme de la subrogation légale, applicables aux instances relatives à des dommages survenus antérieurement à leur entrée en vigueur et n'ayant pas donné lieu à une décision passée en force de chose jugée. La subrogation légale n'ayant vocation à jouer que lorsque le tiers payeur a effectivement indemnisé la victime, et cette indemnisation étant susceptible d'être échelonnée dans le temps, il convient, pour apprécier le droit applicable au recours subrogatoire, de se placer à la date à laquelle le juge statue sur les droits respectifs de la victime et de la caisse de sécurité sociale. Cette solution permet aux victimes de dommages corporels de bénéficier immédiatement des nouvelles dispositions de l'article L. 376-1 du code de la sécurité sociale qui leur sont plus favorables.

Ensuite, s'appuyant sur les travaux préparatoires de la loi du 21 décembre 2006, la Section du contentieux a précisé les contours de la notion de poste de préjudice et défini les modalités d'imputation des prestations de sécurité sociale sur les indemnités mises à la charge du tiers responsable.

Un poste de préjudice s'entend d'un ensemble de préjudices de même nature directement liés aux dommages corporels subis par la victime directe. Pour l'application des dispositions de l'article L. 376-1 du code de la sécurité sociale, il y a lieu de distinguer les préjudices à caractère personnel, c'est-à-dire ceux qui ne consistent ni dans l'obligation d'exposer une dépense, ni dans la perte d'un revenu, des autres préjudices, communément appelés « patrimoniaux ». La ligne de partage entre les préjudices susceptibles de donner lieu à recours subrogatoire et les autres est ainsi nettement tracée : le recours subrogatoire ne peut, en principe, s'exercer que sur les indemnités réparant des préjudices patrimoniaux. Ce n'est que lorsque le tiers payeur justifie de manière incontestable avoir effectivement et préalablement indemnisé la victime au titre d'un préjudice personnel qu'il peut prétendre à un remboursement à ce titre.

L'imputation des prestations de sécurité sociale versées à la victime ou à ses ayants droit sur les indemnités mises à la charge du tiers responsable s'effectue poste de préjudice par poste de préjudice. Afin de conférer à ce principe du recours « poste par poste » son plein effet, sans alourdir à l'excès la tâche du juge chargé d'en faire application, la Section, s'inspirant des travaux des groupes de travail présidés par Mme Lambert-Faivre *(Rapport sur l'indemnisation du dommage corporel)* et M. Dintilhac *(Rapport du groupe de travail chargé d'élaborer une nomenclature des préjudices corporels)*, a estimé qu'il y avait lieu de distinguer « à tout le moins », au sein des préjudices patrimoniaux, les postes de préjudice suivants : dépenses de santé, frais liés au handicap, pertes de revenus, incidence professionnelle et scolaire du dommage corporel et autres dépenses liées au dommage corporel. Toutefois, les postes de préjudice ne donnant lieu au versement d'aucune prestation imputable pourront faire l'objet d'une indemnisation globale au profit de la victime. Cette solution reconnaît donc au juge de la responsabilité une assez grande latitude pour choisir le découpage par poste le plus approprié au cas qui lui est soumis.

La Section du contentieux a enfin détaillé le raisonnement que le juge devait suivre pour respecter l'ensemble des exigences résultant de l'article L. 376-1 du code de la sécurité sociale. Il lui appartient tout d'abord, pour chacun des postes de préjudice, d'évaluer le montant du préjudice total en tenant compte de l'ensemble des dommages qui s'y rattachent, de fixer ensuite la part demeurée à la charge de la victime, compte tenu des prestations dont elle a bénéficié et qui peuvent être regardées comme prenant en charge un préjudice, et, enfin, de déterminer le montant de l'indemnité mise à la charge du tiers responsable au titre du poste de préjudice, ce montant correspondant à celui du poste si la responsabilité du tiers est entière et à une partie seulement en cas de partage de responsabilité. Le juge accorde à la victime, dans le cadre de chaque poste de préjudice et dans la limite de l'indemnité mise à la charge du tiers, une somme correspondant à la part des dommages qui n'a pas été réparée par des prestations de sécurité sociale, le solde de l'indemnité mise à la charge du tiers étant, le cas échéant, accordé à la caisse.

● Centre hospitalier de Vienne

Sect., 21 déc. 2007 [n° 289328]

Dans le cas où la faute commise lors de la prise en charge ou du traitement d'un patient dans un établissement public hospitalier a compromis ses chances d'obtenir une amélioration de son état de santé ou d'échapper à son aggravation, le préjudice qui doit être réparé n'est pas le dommage corporel, mais la perte de chance d'éviter que ce dommage soit advenu. La réparation qui incombe à l'hôpital doit être évaluée à une fraction du dommage corporel déterminée en fonction de l'ampleur de la chance perdue.

Par cette décision, le Conseil d'État s'est rapproché de la pratique du juge judiciaire pour réparer les dommages résultant, en matière de responsabilité des hôpitaux publics, de fautes ayant compromis les chances d'un patient d'obtenir une amélioration de son état de santé ou d'échapper à son aggravation. L'exigence, en ce domaine, d'un lien de causalité direct et certain s'accommode mal de la complexité de l'art médical et peut ne pas permettre une indemnisation satisfaisante dans les cas où il n'est pas certain que le dommage corporel soit dû entièrement à la faute du centre hospitalier, mais où il est tout aussi certain que sans la faute, le dommage ne serait pas advenu. La logique antérieure du juge administratif (19 mars 2003, *Centre hospitalier de Caen*, n° 195007, p. 138) qui exigeait de la victime la preuve d'une perte de chance réelle et sérieuse, pour mettre ensuite à la charge de l'hôpital public l'entier dommage corporel, aboutissait souvent soit à ne pas permettre à la victime d'obtenir réparation dans des situations où la faute de l'hôpital était pourtant certaine, soit à imposer au centre hospitalier la prise en charge d'un état qui ne lui était pourtant pas entièrement imputable.

En pratique, ce revirement de jurisprudence opéré par la Section du contentieux implique du juge qu'il parte du dommage corporel final, qui est connu dans toute son étendue, et lui applique un coefficient correspondant à la chance perdue, selon une appréciation de probabilité. Cette technique était déjà suivie pour la réparation des préjudices entraînés par une perte de chance due à un défaut d'information sur un risque qui s'est finalement réalisé (Sect., 5 janv. 2000, *Consorts Telle*, n° 181899, p. 5).

TRANSPORTS

2007

● Compagnie Corse Air international

Sect., 31 janv. 2007 [n° 290567]

Il résulte des dispositions de l'article L. 227-4 du code de l'aviation civile relatif à la procédure de sanction applicable devant l'ACNUSA, interprétées à la lumière des principes d'impartialité et de respect des droits de la défense, que la personne à laquelle il est envisagé d'infliger une amende doit avoir connaissance de l'ensemble des éléments de son dossier durant toute la procédure.

En vue de réduire les nuisances sonores aéroportuaires, un arrêté du ministre de l'équipement, des transports et du logement en date du 18 juin 1998 permet la détermination, pour chaque année considérée et sur l'aérodrome de Paris Charles-de-Gaulle, d'une limite aux émissions sonores des aéronefs, utilisés par les transporteurs aériens, dits du chapitre 2 de l'annexe 16 à la Convention signée le 7 décembre 1944 à Chicago, qui fixe des exigences acoustiques relatives à la certification des avions à réaction. Lorsque la compagnie dépasse son « quota sonore » annuel autorisé, elle se place en situation d'infraction et s'expose à une amende.

Or au cours de l'année 2000, la compagnie Corsair, du fait des atterrissages ou décollages, depuis Roissy, des avions qu'elle exploitait, avait atteint la valeur maximale autorisée dès le 16 septembre 2000, les vols réalisés postérieurement conduisant donc la compagnie à commettre une infraction à la réglementation sur les nuisances sonores aéroportuaires. L'Autorité de contrôle des nuisances sonores aéroportuaires (ACNUSA), autorité administrative indépendante créée par la loi du 12 juillet 1999, a décidé, après avoir mené la procédure contradictoire prévue par les textes, de prendre une décision de sanction en se fondant sur la vingtaine de mouvements d'avions effectués à l'aéroport Charles-de-Gaulle entre le 16 septembre 2000 et le 31 décembre 2000, alors que la compagnie avait dépassé la valeur maximale autorisée de son indicateur de bruit pour l'année 2000.

Saisie du recours dirigé contre cette sanction administrative, la Section du contentieux du Conseil d'État a considéré que les principes d'impartialité et de respect des droits de la défense permettaient d'interpréter les dispositions de l'article L. 227-4 du code de l'aviation civile régissant la procédure de sanction applicable devant cette autorité, sans qu'il soit besoin de se prononcer sur le fait de savoir s'il y avait lieu d'admettre l'invocation de certains des principes mentionnés à l'article 6 §1 de la convention européenne de sauvegarde des droits de l'homme et des libertés fondamentales,en vertu de la jurisprudence d'Assemblée du 3 décembre 1999, *Didier* (n° 207434, p. 399).

La Section a considéré qu'il résultait des dispositions de l'article L. 227-4 du code de l'aviation civile, aux termes desquelles l'ACNUSA, autorité collégiale, ne peut prononcer de sanction que sur proposition d'un autre organisme collégial, la Commission nationale de prévention des nuisances (CNPN), que la personne à laquelle il est envisagé d'infliger une amende doit avoir connaissance de l'ensemble des éléments de son dossier durant toute la procédure, qui se déroule successivement devant les deux organismes collégiaux. Elle a ce faisant jugé que ces dispositions impliquent, afin de garantir le respect des droits de la défense, que la personne intéressée ait connaissance de la proposition de sanction de la Commission pour être en mesure de présenter, le cas échéant, des observations devant l'Autorité. Elle en a déduit, au cas d'espèce, que la décision avait méconnu les dispositions de l'article L. 227-4 du code de l'aviation civile, dès lors que la société requérante, qui a été entendue par la Commission, n'a pas eu communication de la proposition de sanction formulée par cette Commission et n'a pas été mise en mesure de présenter ses observations lors de la réunion au cours de laquelle l'ACNUSA a statué sur la sanction contestée.

Après avoir écarté implicitement le moyen soulevé par la compagnie tendant à la faire bénéficier de l'article 11 de la loi n° 2002-1062 du 6 août 2002 portant amnistie, dès lors que les sanctions administratives autres que disciplinaires ou professionnelles sont exclues du bénéfice de l'amnistie et que les sanctions prononcées par l'ACNUSA n'ont le caractère ni de sanctions disciplinaires ni de sanctions professionnelles, la Section a estimé que la proposition de sanction émise par la CNPN à l'ACNUSA aurait dû être communiquée à la compagnie préalablement à la décision de sanction. Elle a en conséquence annulé la sanction infligée.

TRAVAIL

2006

● Mme Rodriguez

Sect., 24 nov. 2006 [n° 284208]

En cas de demande d'autorisation de licenciement d'un salarié protégé, le caractère contradictoire de l'enquête menée conformément aux dispositions de l'article R. 436-4 du code du travail (transférées à l'article R. 2421-4 du nouveau code du travail) implique que le salarié protégé puisse être mis à même de prendre connaissance de l'ensemble des pièces produites par l'employeur à l'appui de sa demande, notamment des témoignages et attestations. Toutefois, lorsque l'accès à ces témoignages et attestations serait de nature à porter gravement préjudice à leurs auteurs, l'inspecteur du travail doit se limiter à informer le salarié protégé, de façon suffisamment circonstanciée, de leur teneur.

Les salariés légalement investis de fonctions représentatives bénéficient, dans l'intérêt de l'ensemble des travailleurs qu'il représentent, d'une protection exceptionnelle (Ass., 5 mai 1976, *SAFER d'Auvergne c/ sieur Bernette*, n°s 68647 et 98820, p. 232). Cette protection constitue une garantie légale d'un principe constitutionnel issu du huitième alinéa du Préambule de la Constitution de 1946, ainsi que l'a précisé le Conseil constitutionnel (n° 96-383 DC du 6 novembre 1996).

Elle se manifeste principalement par l'existence d'une procédure d'autorisation administrative préalable au licenciement de ces salariés, alors prévue, dans l'ancien code du travail, aux articles L. 425-1 (délégués du personnel), L. 436-1 (membres des comités d'entreprise), L. 236-11 (membres des comités d'hygiène, de sécurité et des conditions de travail), L. 412-18 (délégués syndicaux), L. 514-2 (conseillers prud'hommes) et L. 122-14-16 (conseillers du salarié).

Lorsqu'il envisage de licencier pour faute l'un de ces représentants, l'employeur doit donc saisir l'inspecteur du travail en prouvant la faute du salarié, le salarié n'ayant rien à démontrer, comme c'est le droit commun en matière disciplinaire (v. par exemple, Cass. soc., 9 oct. 2001, *Floch*, n° 99-402.204, Bull. civ. V n° 306). A l'appui de sa démonstration, il peut créer sa propre preuve en produisant des attestations et témoignages émanant d'autres salariés ou de tiers à l'entreprise comme des clients ou des fournisseurs.

L'inspecteur du travail, saisi d'une demande de licenciement pour faute, procède alors à une enquête contradictoire au cours de laquelle le salarié peut, sur sa demande, se faire assister d'un représentant de son syndicat (ancien art. R. 436-4 du code du travail). Mais, alors même que les attestations et témoignages produits par l'employeur pouvaient être des pièces essentielles pour établir la matérialité des griefs invoqués à son encontre, un doute subsistait sur la possibilité pour le salarié concerné d'en prendre connaissance lors de son audition par l'inspecteur du travail : la décision de sous-sections réunies *Société Senior* du 20 avril 2005 (n° 254066, T. p. 706, 1123) jugeait en effet seulement que l'inspecteur du travail était tenu d'informer le salarié de manière suffisamment circonstanciée des faits, et notamment de lui communiquer l'identité des personnes qui auraient été victimes des agissements qui lui sont reprochés.

Le salarié ne pouvait pas non plus consulter ces documents postérieurement à la décision autorisant son licenciement : d'après plusieurs avis de la Commission d'accès aux documents administratifs, la divulgation de tels documents peut porter atteinte aux personnes qui en sont les auteurs et n'est donc pas possible sur le fondement de la réserve aujourd'hui prévue au II de l'article 6 de la loi n° 78-753 du 17 juillet 1978 (non-communication à des tiers des documents faisant apparaître le comportement d'une personne dont la divulgation pourrait lui porter préjudice).

La Section du contentieux a, par la décision *Mme Rodriguez* du 24 novembre 2006, estimé que ces règles ne définissaient pas un équilibre satisfaisant entre les droits de la défense et la protection des intérêts des personnes ayant accepté de témoigner. Plusieurs arguments forts pouvaient être avancés à l'appui de cette appréciation : difficulté concrète pour le salarié d'assurer utilement sa défense sans accéder aux documents, inégalité entre salarié et employeur devant la recherche de la vérité, impossibilité de faire apparaître l'illicéité d'une preuve. L'accès complet au dossier permettait au contraire de faciliter la recherche de la vérité par l'inspecteur du travail, et allait même dans l'intérêt bien compris de l'entreprise en minimisant les risques d'annulation contentieuse ultérieure de l'autorisation de licenciement avec les conséquences qu'elle comporte, notamment la réintégration du salarié et le paiement de ses salaires.

La décision juge ainsi que le caractère contradictoire de l'enquête fait reposer une double exigence sur l'inspecteur du travail. Il doit naturellement informer le salarié concerné, de façon suffisamment circonstanciée, des agissements qui lui sont reprochés et de l'identité des personnes qui s'en estiment victimes. Mais il lui revient en outre de mettre le salarié à même de prendre connaissance de l'ensemble des pièces produites par l'employeur à l'appui de sa demande, notamment des témoignages et attestations. Toutefois, lorsque l'accès à ces témoignages et attestations serait de nature à porter gravement préjudice à leurs auteurs, l'inspecteur du travail doit se limiter à informer le salarié protégé, de façon suffisamment circonstanciée, de leur teneur.

Cette solution adopte un nouvel équilibre. Elle va au-delà de ce qu'impose le principe du contradictoire en matière administrative, lequel n'implique pas, en l'absence de texte le prévoyant, l'accès au dossier. Ce n'est pas la première fois que le Conseil d'État déroge de façon prétorienne à cette règle. Il avait par exemple imposé à l'administration fiscale, lorsqu'elle envisage de rehausser ou d'arrêter d'office les bases d'imposition, de mettre le contribuable à même d'accéder aux documents qu'elle a obtenus dans l'exercice de son droit de communication (7 mai 1980, n° 8255).

L'obligation de communication n'est néanmoins ni générale, ni absolue. Les documents sont tout d'abord quérables, et non portables : c'est ce que révèle l'expression « être mis à même de » utilisée par la décision, qui signifie que l'administration ne doit les communiquer que si l'intéressé le demande. Par ailleurs, la communication des pièces est remplacée par une simple information circonstanciée sur leur teneur lorsque l'inspecteur du travail, au vu du contexte de l'entreprise, entrevoit qu'elle pourrait faire courir un risque de représailles, pressions ou intimidations pour les témoins. Le cas d'espèce a permis de donner une illustration immédiate de cette réserve : compte tenu des fonctions d'encadrement que l'intéressée exerçait, ainsi que des vives tensions existant au sein de l'entreprise, la communication des attestations faites à son sujet aurait été susceptible de porter gravement préjudice à leurs auteurs, placés sous son contrôle.

URBANISME ET AMÉNAGEMENT DU TERRITOIRE

2008

● Commune de Courbevoie

Sect., 7 fév. 2008 [n°s 299227, 297229 à 297236]

Un permis de construire, qui ne peut être délivré que pour un projet respectant la réglementation d'urbanisme en vigueur, n'est pas pour autant un acte d'application de cette réglementation. Toutefois, dès lors qu'il résulte de l'article L. 121-8 du code de l'urbanisme que la déclaration d'illégalité d'un document d'urbanisme a, au même titre que son annulation pour excès de pouvoir, pour effet de remettre en vigueur le document d'urbanisme immédiatement antérieur, un requérant peut utilement soutenir qu'un permis de construire a été délivré sous l'empire d'un document d'urbanisme illégal à la condition qu'il fasse en outre valoir que ce permis méconnaît les dispositions pertinentes ainsi remises en vigueur.

Le maire de Courbevoie avait délivré un permis de construire pour la réalisation d'un immeuble de logements, sur un terrain situé dans une zone d'aménagement concerté, dont des voisins ont demandé la démolition au tribunal de grande instance de Nanterre. La cour d'appel de Versailles ayant sursis à statuer et renvoyé les parties à saisir le juge administratif d'un recours en appréciation de la légalité du permis de construire, le tribunal administratif de Paris, saisi de neuf recours, a déclaré illégal ce permis. Saisie des pourvois en cassation correspondants de la commune, la Section du contentieux, par la décision *Commune de Courbevoie*, a pu préciser, au regard des principes de sécurité juridique et de légalité, les conséquences de l'illégalité d'un document d'urbanisme sur un permis de construire délivré sous son empire. Le problème se posait en effet, non de définir, mais de préciser le champ de l'exception au principe selon lequel l'annulation d'un document d'urbanisme n'entraîne pas celle d'un permis de construire.

Par une décision du 12 décembre 1986 (Sect., *Gepro*, n° 54701, p. 282), explicitée par une décision du 28 janvier 1987 (*Comité de défense des espaces verts*, n° 39146, p. 20), la Section du contentieux avait en effet jugé que, dès lors que le permis de construire, qui ne peut être délivré que pour un projet respectant la réglementation d'urbanisme applicable, ne constitue pas un acte d'application de cette réglementation, l'annulation d'un plan d'occupation des sols n'entraîne pas de plein droit celle d'un permis de construire, sauf dans le cas où l'annulation de ce plan a été prononcée en raison de l'illégalité d'une disposition ayant pour objet de rendre possible l'octroi du permis. La portée de cette exception était limitée : il était nécessaire que la disposition litigieuse du document d'urbanisme ait été adoptée avec l'intention de permettre l'octroi de l'autorisation d'occuper le sol pour que l'illégalité de la première rejaillisse sur la seconde.

Des ambiguïtés, puis des glissements, sont par la suite apparus. En premier lieu, il a été jugé suffisant que la disposition illégale du document d'urbanisme ait eu pour effet, et non uniquement pour objet, de permettre la délivrance du permis pour que l'illégalité de l'une contaminât l'autre (not. 2 déc. 1991, *Époux Souille et autres c/ Ville de Paris*, n° 86736, p. 418). En second lieu, alors que l'exception d'illégalité n'est en principe opérante qu'à l'égard des mesures d'application de l'acte dont l'illégalité est invoquée (Sect., 17 oct. 1980, *Bert*, n° 9255, p. 370), la jurisprudence *Gepro*, qui traite du cas de l'annulation d'un document d'urbanisme, a été transposée à l'hypothèse où l'illégalité du document d'urbanisme est soulevée et reconnue par la voie de l'exception (Sect., 8 juin 1990, *Association de sauvegarde du patrimoine martiniquais (Assaupamar)*, n°s 93191-93193, p. 149). Ces évolutions ont abouti à un nouvel équilibre, peu satisfaisant, entre sécurité juridique et principe de légalité, au profit du second.

Cependant, par une décision du 25 février 2005, *Association « Préservons l'avenir à Ours Mons Taulhac » et autres* (Sect., n° 197041, p. 83), la Section a réaffirmé, s'agissant de la question des liens unissant un schéma directeur d'aménagement et d'urbanisme et une déclaration d'utilité publique, le principe selon lequel l'opérance du moyen tiré de l'exception d'illégalité d'un document d'urbanisme n'est admise qu'à la condition que l'acte contesté constitue une mesure d'application de ce document. Dès lors qu'un permis de construire n'est pas un acte d'application d'un document d'urbanisme, aurait donc été inopérant, à l'appui d'un recours contre un permis, le moyen tiré de l'exception d'illégalité d'un document d'urbanisme.

Ce raisonnement heurtait la jurisprudence précitée *Assaupamar*, qui admettait, comme on l'a vu, la possibilité d'exciper de l'illégalité du document d'urbanisme dans certaines hypothèses. En outre, par la loi n° 94-112 du 9 février 1994, le législateur a assimilé annulation et déclaration d'illégalité d'un document d'urbanisme et consacré le principe d'une confrontation du permis de construire au document antérieur dans le cas où cette illégalité a été reconnue : il résulte en effet de l'article L. 121-8 du code de l'urbanisme issu de cette loi que la déclaration d'illégalité d'un document d'urbanisme a pour effet de remettre en vigueur le document d'urbanisme immédiatement antérieur, au même titre que son annulation pour excès de pouvoir. Dans un souci de sécurité juridique, l'article L. 600-1 du même code limite à six mois, sauf exceptions, la période pendant laquelle les vices de forme ou de procédure d'un document d'urbanisme peuvent être invoqués par la voie de l'exception.

C'est dans ce cadre que, par sa décision du 7 février 2008 *Commune de Courbevoie,* la Section du contentieux a remédié aux incohérences de la jurisprudence en précisant dans quelle mesure il peut être excipé de l'illégalité d'un document d'urbanisme à l'appui d'une demande d'annulation d'un permis de construire. D'une part, elle réitère la règle générale de procédure selon laquelle, pour demander l'annulation d'un permis de construire, qui ne peut être délivré que pour un projet respectant la réglementation d'urbanisme en vigueur mais n'en constitue pas pour autant un acte d'application, un requérant ne peut utilement se borner à soutenir qu'il a été délivré sous l'empire d'un document d'urbanisme illégal, quelle que soit l'illégalité dont il se prévaut. Mais, d'autre part, elle apporte un tempérament à cette règle au nom du principe de légalité : dès lors qu'il résulte de l'article L. 121-8 du code de l'urbanisme que la déclaration d'illégalité d'un document d'urbanisme a, au même titre que son annulation pour excès de pouvoir, pour effet de remettre en vigueur le document d'urbanisme immédiatement antérieur, le requérant peut utilement soutenir, sous réserve des dispositions de l'article L. 600-1 du même code en ce qui concerne les vices de forme ou de procédure, qu'un permis de construire a été délivré sous l'empire d'un document d'urbanisme illégal, à la condition qu'il fasse en outre valoir que ce permis méconnaît les dispositions pertinentes ainsi remises en vigueur.

Par un phénomène de cascade, il n'est pas inconcevable que des dispositions antérieures, elles-mêmes illégales, doivent être écartées, de même que celles qui les ont précédées et ainsi de suite jusqu'à ce que le juge administratif soit conduit à confronter le permis de construire litigieux avec un document d'urbanisme ancien, mais légal.

● Pereira Dos Santos Maia

Sect., 31 déc. 2008 [n° 293853]

En cas d'annulation d'une décision de préemption prise par une collectivité publique, celle-ci est tenue de proposer à l'acheteur évincé d'acquérir le bien illégalement préempté au prix de la déclaration d'intention d'aliéner, corrigé, le cas échéant, en fonction des modifications apportées entre-temps à la consistance ou à l'état du bien, à l'exclusion d'autres facteurs tels que la modification des règles d'urbanisme.

L'annulation d'une décision de préemption par le juge administratif laisse subsister le contrat de vente de droit privé entre le vendeur et le titulaire du droit de préemption. Il avait déjà été jugé qu'une telle annulation fait obligation à ce dernier, s'il n'a pas entre-temps cédé le bien à un tiers, de proposer à l'acquéreur évincé par la préemption et, si ce dernier ne donne pas suite, au propriétaire initial du bien de l'acquérir, sous réserve que cette rétrocession ne porte pas une atteinte excessive à l'intérêt général, notamment lorsque le titulaire du droit de préemption a réalisé sur ce bien d'importants aménagements (Sect., 26 fév. 2003, *M. et Mme Bour*, n° 231558, p. 59). Cette solution pragmatique vise à offrir une alternative à la saisine du juge judiciaire, que chacune des parties peut entreprendre pour obtenir la nullité de la vente passée entre le propriétaire initial et la collectivité publique mais qui peut aboutir à des situations paradoxales, où, selon les termes de l'avant-contrat passé entre l'acquéreur évincé et le propriétaire initial, ce dernier peut être contraint de récupérer un bien qu'il ne désire plus.

La décision *M. et Mme Bour* précisait que la rétrocession du bien devait s'effectuer à un prix permettant de rétablir les conditions de la transaction à laquelle l'exercice du droit de préemption avait fait obstacle, « sans enrichissement sans cause de l'une ou l'autre des parties ». Confirmant cette orientation, tout en substituant à la notion d'« enrichissement sans cause », propre à la matière contractuelle, celle d'« enrichissement injustifié », la décision de la Section du contentieux du 31 décembre 2008 commentée précise les modalités de fixation du prix de rétrocession à l'acquéreur évincé du bien illégalement préempté.

Le mode d'emploi du calcul de ce prix présente un caractère subsidiaire. En effet, la décision rappelle qu'il est loisible à la collectivité publique de conclure avec l'acquéreur évincé une transaction fixant les droits des parties, le prix de rétrocession et, le cas échéant, le montant de l'indemnisation que la collectivité s'engage à verser à son co-contractant en réparation d'éventuels préjudices. A défaut d'une telle transaction, le prix de rétrocession est, en principe, celui de la déclaration d'intention d'aliéner adressée par le propriétaire initial à la collectivité. Mais ce prix doit être corrigé, le cas échéant, en fonction des modifications apportées à la consistance et à l'état du bien. En revanche, les autres facteurs qui ont pu influer sur la valeur vénale du bien, comme les évolutions du marché immobilier ou, en l'espèce, la modification des règles d'urbanisme, n'ont pas à être pris en compte ; en effet, même en l'absence de préemption, l'acquéreur évincé en aurait subis les conséquences, en tout état de cause.

Il restait à déterminer les règles de prise en compte des modifications apportées à la consistance ou à l'état du bien. Pour ce faire, la Section du contentieux a recherché, dans le respect des spécificités du droit public et de l'office du juge administratif, la plus grande cohérence possible avec le droit civil des restitutions après déclaration de nullité de la vente, afin de ne pas attiser la concurrence entre les voies de recours contentieux. Lorsque la collectivité publique a réalisé des travaux indispensables à la conservation du bien (travaux confortatifs...), elle est en droit de majorer le prix initial du montant des dépenses qu'elle a exposées, et que l'acquéreur aurait dû lui aussi exposer si la préemption n'avait pas eu lieu. En cas de travaux d'amélioration ou de démolition objectivement utiles (non somptuaires), le prix est majoré de la seule variation de la valeur vénale qui en résulte, car l'acquéreur aurait pu choisir de ne pas les réaliser. Inversement, en cas de dégradation du bien, qu'elle soit imputable ou non à la collectivité, le prix initial doit être diminué du montant des dépenses que l'acquéreur devrait exposer pour remettre le bien dans l'état dans lequel il se trouvait initialement. En l'espèce, en l'absence de modification alléguée dans la consistance du bien, les requérants étaient fondés à en obtenir la cession au prix de la déclaration d'intention d'aliéner.

La décision du 31 décembre 2008 réserve essentiellement deux questions.

D'une part, elle ne tranche pas celle, qui se pose rarement en pratique, de la rétrocession du bien au propriétaire initial lorsque l'acquéreur évincé n'a pas donné suite à l'offre qui lui a été adressée. Si les correctifs évoqués ci-dessus ont logiquement vocation à s'appliquer dans cette hypothèse, on peut se demander si le prix de référence doit être celui de la déclaration d'intention d'aliéner ou celui de la préemption elle-même, qui est le prix effectivement payé par la collectivité publique.

D'autre part, en invoquant les facteurs relatifs « à la consistance et à l'état du bien », la décision ne se prononce pas explicitement sur le sort à réserver aux cas dans lesquels la collectivité publique a réalisé des actes de gestion ou d'administration sur le bien, par exemple par la conclusion d'un bail commercial ou d'habitation, qui peuvent avoir une incidence sur sa valeur vénale.

VOIRIE

2006

● M. Bayrou et autres

Sect., 27 sept. 2006 [nos 290716 et autres]

Le Conseil d'État a jugé légale la privatisation opérée par les décrets des 2 février, 16 février et 8 mars 2006 autorisant le transfert au secteur privé de la propriété des participations majoritaires détenues par l'État et l'établissement public «Autoroutes de France» dans le capital des trois sociétés Société des autoroutes du Nord et de l'Est de la France (Sanef), Autoroutes Paris-Rhin-Rhône (APRR) et Autoroutes du Sud de la France (ASF).

A l'occasion de cette affaire, la Section a écarté le moyen, articulé pour la première fois au contentieux, tiré du caractère fictif ou transparent d'un établissement public, décisif pour déterminer le sens de la solution. En effet, une requalification des parts détenues par l'établissement aboutissant à faire regarder l'État comme le détenteur direct de ces parts aurait commandé la compétence du législateur pour autoriser la privatisation et aurait donc entraîné l'illégalité des décrets attaqués.

La décision apporte en outre des précisions sur l'interprétation du 9e alinéa du préambule de la Constitution de 1946, lequel dispose que « tout bien, toute entreprise dont l'exploitation a ou acquiert les caractères d'un service public national ou d'un monopole de fait, doit devenir la propriété de la collectivité ». La Section a en effet jugé que la notion de monopole de fait doit, elle aussi, s'apprécier à l'échelon national et fait sienne la position du Conseil constitutionnel sur les possibilités de privatisation des « services publics nationaux » : la privatisation des « services publics constitutionnels », dont l'existence résulte du texte même de la Constitution, est interdite, tandis que la privatisation des activités désignées comme telles par le législateur est possible moyennant une intervention préalable du Parlement leur retirant cette qualité (v. notamment CC, 23 juil. 1996, n° 96-380 DC, Loi relative à l'entreprise nationale France Télécom).

Imprimé en France par les Journaux officiels IMPRIM'VERT®
N° 503092002-000409 – Dépôt légal : avril 2009